スタンフォードの「英語ができる自分」になる教室

ケリー・マクゴニガル

The Willpower Wisdom of
Dr. Kelly McGonigal

朝日出版社

● CD収録時間：33 分 56 秒

本書の収録コンテンツは
月刊英語学習誌『CNN English Express』
2013 年 4 月号～ 2014 年 3 月号に掲載した
記事・音声を再編集したものです。

The Willpower Wisdom of Dr. Kelly McGonigal

by Kelly McGonigal, Ph.D.

Copyright ⓒ 2013-2014 by Kelly McGonigal, Ph.D.
This edition published by arrangement with Kelly McGonigal, Ph.D.
through Tuttle-Mori Agency, Inc., Tokyo

CNN name, logo and all associated elements TM and ⓒ 2014 Cable News Network, Inc. A Time Warner Company. All Rights Reserved.

はじめに

　本書は、月刊英語学習誌『CNN English Express』に掲載したスタンフォード大学人気講師、ケリー・マクゴニガル氏へのインタビューと連載記事をまとめたものです。1年間の連載をPart 1とPart 2に分けて構成しており、Part 1は主に英語力向上につながる意識の持ち方について、Part 2は目標を達成して「なりたい自分」になるための戦略について取り上げています。

　マクゴニガル氏はスタンフォード大学の心理学者で、心理学、神経科学、医学の最新研究を、個人の健康や幸せ、成功に役立つ実践的な戦略に応用しています。同大学の生涯学習プログラム「意志力の科学」講座は受講生から絶大な人気を博し、この講座をもとにした『The Willpower Instinct』は世界20カ国で翻訳されています。ベストセラーになった『スタンフォードの自分を変える教室』（大和書房）を読んで、マクゴニガル氏のことをご存じの方も多いでしょう。

　本書は、丁寧な語注を付け、見やすい英日対訳形式のレイアウトにしてあります。また、付属CDには、マクゴニガル氏自身が読み上げた連載の音声が収録されています。英語学習者に語りかけるように読み上げており、文のどこで区切って読めばいいのかも非常にわかりやすいので、CDを聴きながら英文にスラッシュを入れていくと、文の構造がつかみやすいでしょう。なお、インタビュー音声は録音環境により、背景にノイズが入る個所があります。連載記事の音声も、録音環境により一定の音質になっていないことを、あらかじめご了承ください。

　マクゴニガル氏は、スタンフォード大学などでの研究結果や自身の実践方法を盛り込みながら、「英語力をつける」などの目標を達成するためにはどうすればいいのか、意識を変えるところから教えてくれています。目からウロコの研究結果も紹介されています。本書を読んで聴いて、この考え方には共感できる、実践してみたいと思われた方法を取り入れていただき、英語力の向上、目標の達成につなげていただければ幸いです。

2014年10月
『CNN English Express』編集部

■ Contents

- はじめに・・・・・・・03

◆ 来日インタビュー「意志力を鍛えて夢をつかむ！」・・・・・・・[CD Track02-15] 08
　The Science of Willpower Workouts

◆ 英語をモノにする意志力の鍛え方
　Willpower Workshop, Part 1

1. 「意志力の科学者」になって自分を観察する・・・・・・・・・・・・・[CD Track17-18] 38
　Become a Willpower Scientist

2. 「英語を学んでいる」ではなく「英語学習者」だと言おう・・・・・・・[CD Track19-20] 42
　Be a Student

3. 英語学習を先延ばしにしない3つの戦略・・・・・・・・・・・・・・[CD Track21-22] 46
　Breaking the Cycle of Procrastination

4. やる気の出る時間帯を把握しよう・・・・・・・・・・・・・・・・・[CD Track23-24] 50
　A Matter of Timing

5. 「なぜ英語を勉強しているのか」を思い出す・・・・・・・・・・・・[CD Track25-26] 54
　Remember the Why

6. 意志力のパートナーを持とう・・・・・・・・・・・・・・・・・・・[CD Track27-28] 58
　Willpower Partner

◆「なりたい自分」になるための戦略
Willpower Workshop, Part 2

7. 自分のまちがいや失敗を許す ················· [CD Track29-30]　64
   Why You Should Forgive Your Mistakes

8. 意志力は感染する ······························· [CD Track31-32]　68
   The Power of Role Models

9. 「変わろう」という決心の落とし穴 ·············· [CD Track33-34]　72
   The False-hope Syndrome of Self-improvement

10. 完璧な「新年の誓い」とは？ ···················· [CD Track35-36]　76
    The Perfect New Year's Resolution

11. ストレスに対する見方を変える ················· [CD Track37-38]　80
    Can Stress Help You Reach Your Goals?

12. 自分を信じて「なりたい自分」になる！ ········· [CD Track39-40]　84
    Believe in Yourself

- CD ナレーション原稿 ······································· 89
- ボキャブラリー・チェック ································· 90

The Science of Willpower Workouts

来日インタビュー
「意志力を鍛えて夢をつかむ！」

「意志力」に関する心理学、神経科学、医学の最新の科学的成果を導入し、受講生の97％の人生に影響を与えたというスタンフォード大学の人気講座「意志力の科学」。この講座を書籍化した『スタンフォードの自分を変える教室』（原題『The Willpower Instinct』）は、日本でもまたたくまにベストセラーとなり、2013年1月、著者のケリー・マクゴニガル氏が本のプロモーションで初来日した。

このインタビューは、そのときに『CNN English Express』編集部が行ったものである。「なぜスタンフォード大学での講座は人気になったのか」「意志力を鍛える方法」「語学学習を続ける秘けつ」などをマクゴニガル氏にたずねた。

インタビュアー：北島多紀　写真：金子 渡　翻訳：安野玲

 Track 02

INTERVIEW
The Science of Willpower Workouts

■スタンフォード大学での講座が人気になった理由

Thank you for speaking with us today. Let me begin by asking why you think your class at Stanford has been so popular?

Kelly McGonigal Well, I think it was initially so popular because, at least in the United States, nobody thinks they have willpower. Everybody feels like willpower is something that other people have, and somehow they feel like they were not born with the "willpower gene." So that was why people initially started coming.

| science:
▶「科学、学問」と「わざ、術」
の2つの意味をかけている。
willpower:
意志力 | workout:
練習、トレーニング
class:
（クラスの）授業、講義 | popular:
人気のある
initially:
最初に |

来日インタビュー
「意志力を鍛えて夢をつかむ!」

本日はインタビューをお受けくださり、ありがとうございます。まず初めに、スタンフォードの授業がこれほど人気を集めている理由についてどう考えておいでか、聞かせてください。

ケリー・マクゴニガル　そうですね、そもそもこれほど人気が出たのは、少なくともアメリカでは、誰も自分に意志力があるとは思っていないからでしょう。みんな、意志力なんて自分以外の人にしかないというふうに感じています。どういうわけか、自分は「意志力の遺伝子」を持って生まれてこなかったように感じているんです。ですから、それが最初に人が集まるようになった理由ですね。

at least: 少なくとも somehow: どういうわけか	be born with: 生まれながらに〜を備えている	gene: 遺伝子

 Track 03

INTERVIEW
The Science of Willpower Workouts

■「意志力が弱い」のはあなただけではない！

McGonigal　But one thing I found over the years of teaching this is that people really enjoy hearing other people's stories. One of the main benefits of taking the class is not just learning how to strengthen your own willpower, but it's changing the way people feel about their own weaknesses. They no longer are feeling so isolated and so unique in their struggles. They start to recognize that…that other people have very similar struggles.

And now when people tell me why they value the class—and also why they send friends and family to take the class next time—is what a relief it is to…to really understand yourself better and to understand that the things you might have thought were just your problems and your failures are…are really more…they have to do with how the human brain works and how the human mind works.

| benefit:
メリット、利点
take a class:
授業を受ける
strengthen:
〜を強化する | weakness:
弱さ、弱点
no longer:
もはや〜ない
isolated:
孤立した | unique:
独特の
struggle:
もがき、苦闘
recognize that:
〜ということを認識する |

来日インタビュー
「意志力を鍛えて夢をつかむ！」

マクゴニガル　ところが、何年もこの講座を教えているうちにひとつ気づいたんですが、受講生はほかの人たちの話を聞くのを心から楽しんでいるんです。この講座を受ける大きなメリットのひとつは、自分の意志力を強化する方法が身につくだけでなく、自分の弱さに対する感じ方が変わることです。彼らは、うまくいかなくてもがいているのは自分だけではない、自分だけが特別ではないんだと感じるようになります。みんな同じように苦闘しているということがわかってきます。

　そうすると今度は話してくれるんです、どうしてこの講座を高く評価するのか——それに、どうして友人や家族に次の回の講座を受けさせるのか——それはとても安心するからなんですね、自分のことが前よりもよくわかるようになって、自分だけの問題だ、自分だけの失敗だと思っていたことが、実はもっと……人間の脳の働きや人間の心の仕組みに関わるものだとわかるので。

---

similar:
似たような、同様の
value:
〜を高く評価する
relief:
安心、安堵（あんど）

failure:
失敗
have to do with:
〜と関係がある、関わりがある
brain:
脳

work:
機能する、働く
mind:
心、精神

 Track 04

INTERVIEW
The Science of Willpower Workouts

■意志力を支える「やらない力」

What is your definition of willpower?

McGonigal I define willpower as the ability to do what matters most, or to make choices that are consistent with your biggest goals and values, even when it's difficult, or even when some part of you wants to do something else. And I really think about three different strengths that allow us to make those types of good choices. The ability to resist temptations and distractions—and I call that "I won't" power, this idea that maybe you start to get pulled in the direction that is not helpful, and so you say no to that distraction or temptation.

definition: 定義 **define A as B:** AをBと定義する、AをBだと考える **ability to do:** 〜する能力	**matter:** 重要である **make a choice:** 選択する **be consistent with:** 〜と一致する、矛盾しない	**values:** 価値観 **strength:** 力 **allow...to do:** …が〜できるようにする

来日インタビュー
「意志力を鍛えて夢をつかむ！」

意志力をどう定義しますか。

マクゴニガル　私が定義する「意志力」とは、いちばん重要なことをやる能力のことです。つまり、最も大切な目標や価値観と一致する行動を選択する力のことです、たとえそれが困難だったり、心のどこかで別のことをやりたいと思っていてもですね。実は私は、そういった良い選択をさせてくれる力には3種類あると考えています。まず、誘惑や気の散るようなことに抵抗できる力——私はこれを「やらない力」と呼んでいますが、要するに、良くない方向に引っ張られそうになったときに、その気の散るようなことや誘惑に「ノー」と言える力、ということですね。

---

resist: 〜に抵抗する **temptation:** 誘惑するもの	**distraction:** 気を散らすもの **get pulled:** 引っ張られる	**direction:** 方向 **helpful:** 役に立つ、有益な

 Track 05

INTERVIEW
The Science of Willpower Workouts

■意志力を支える「やる力」「望む力」

McGonigal　But we also need the ability to say yes to things that might be difficult or that...that might be stressful, and we need to find the energy and the motivation to do these things even when we're tired, or even when we experience self-doubt. And I call that "I will" power—that you will...you will find the strength and the willingness to do these things.

　And then the last strength that helps us make these choices is what I call "I want" power, and that's the ability to be really clear about what your goals are and to have a...a sense of a...a vision that you're moving toward. And that's what provides a lot of the strength and the motivation to then do these other things.

stressful: ストレスを引き起こす motivation: やる気、意欲	be tired: 疲れている experience: (感情などを) 抱く、感じる	self-doubt: 自信喪失、自己不信 willingness: 意欲

来日インタビュー
「意志力を鍛えて夢をつかむ！」

マクゴニガル　けれども同時に、難しかったりストレスを感じたりするかもしれないことに「イエス」と言える力も必要です。私たちは、そうしたことをやるエネルギーと意欲を見つけなくてはなりません、たとえ疲れていても、自信をなくしていても。私はそれを「やる力」と呼んでいます——つまり、そういうことをこなす気力と意欲を見つける力ですね。

　最後が、そういう選択をするのを助けてくれる力で、私は「望む力」と呼んでいます。これは、自分の目標は何なのかをはっきりさせて、目指しているビジョンを自覚する力です。これは、また、「やる力」と「やらない力」による目標に向かうための大きな力と意欲を与えてくれます。

be clear about:〜について明確に理解している**have a sense of:**〜を感じ取る、把握する	**vision:**ビジョン、未来図**move toward:**〜を目指して進む	**provide:**〜を与える

 Track 06

INTERVIEW
The Science of Willpower Workouts

■前頭前皮質が意志力をコントロールしている

I see. And which part of the brain controls these three strengths?

McGonigal   So, the part of your brain where willpower lives, or this, kind of, wiser part of yourself, is in the front of the brain, right behind the forehead and your eyes. It's called the prefrontal cortex. And this part of the brain is in competition with areas of the brain that are deeper, in the middle of your brain, the areas of the brain that produce cravings, that produce stress. And when you're operating from that system of the brain, your decisions are more automatic; they're based on habit, or they're based on immediate gratification.

wise: 賢い、賢明な **the front of:** 〜の前部 **forehead:** 額（ひたい）	**prefrontal cortex:** 前頭前皮質 **be in competition with:** 〜と競争している **deep:** 深い	**in the middle of:** 〜の真ん中に **produce:** 〜を生み出す **craving:** 強い欲求、渇望

来日インタビュー
「意志力を鍛えて夢をつかむ！」

なるほど。その3つの力は脳のどの部分がコントロールしているんですか。

マクゴニガル　それはですね、意志力が宿る脳の部位、つまり、いわば自己のより賢明な部分ということですが、これは脳の前部、額と目のちょうど裏側にあって、前頭前皮質と呼ばれます。脳のこの部位は、脳のもっと深いところにある領域、つまり脳の真ん中にあって、強い欲求を生み、ストレスを生む領域とせめぎ合っているんです。脳の真ん中の領域に従って行動しているときは、あなたの決断はより反射的になります。それは習慣に基づいていたり、目先の欲求の充足に基づいていたりします。

---

operate:
行動する
decision:
決意、決断

automatic:
反射的な
be based on:
〜に基づいている

habit:
習慣
immediate gratification:
目先の満足

 Track 07

INTERVIEW
The Science of Willpower Workouts

■欲求やストレスを生む脳の領域とせめぎ合う前頭前皮質

McGonigal　And those two systems of the brain actually really do compete with each other throughout the day; you go back and forth between which one is operating most strongly. And in…one…one way to think about willpower is it's the ability to…to have the…the system of your prefrontal cortex, the willpower system of your brain, win the competitions on a consistent basis.

| compete with:
〜と張り合う
throughout the day:
一日中 | go back and forth between:
〜のあいだを行き来する | operate:
働く、作用する |

来日インタビュー
「意志力を鍛えて夢をつかむ！」

マクゴニガル 事実、これら2つの脳の領域はまさに一日中、お互いにせめぎ合っているんです。あなたは、より強く影響を及ぼすほうへと行ったり来たりします。ですから、意志力についてのひとつの考え方として、前頭前皮質の領域、すなわち脳の意志力が宿る領域を、頻繁にこのせめぎ合いに勝たせる力、といえます。

| win:
〜に勝つ | competition:
競争、張り合い | on a consistent basis:
常に、一貫して |

 Track 08

INTERVIEW
The Science of Willpower Workouts

■意志力は筋肉のように鍛えることができる

And can we strengthen that ability to win those competitions?

McGonigal   Yes. Willpower is like a muscle, and the brain is trainable like a muscle. The brain is very plastic; it responds to what we ask it to do. And when you give your brain a workout, when you find some way to train these different aspects of willpower—resisting distractions or temptations and remembering your motivations—when you train that, you could actually change the function of your brain, and you can change the structure of your brain. And some of the…the willpower exercises that I give my students are ones that the science has shown to actually make the prefrontal cortex bet…bigger and better connected to be able to control what's happening in the middle parts of brain.

| muscle:
筋肉
trainable:
鍛えられる
plastic:
柔軟な | respond to:
〜に応える
give…a workout:
…を鍛える、トレーニングする | find some way to do:
〜するために何らかの方法を見つける
train:
〜を鍛える、トレーニングする |

来日インタビュー
「意志力を鍛えて夢をつかむ！」

そのせめぎ合いに勝つ能力は強化できるんでしょうか。

マクゴニガル　ええ。意志力は筋肉のようなものです。脳も筋肉と同じように鍛えることができます。脳はとても柔軟ですから、私たちが「やれ」と言ったことに応じてくれます。それに、脳をトレーニングして、先ほど述べた意志力の3つの側面を――気の散ることや誘惑に抵抗することや、モチベーションを思い出すことなどを――鍛える何らかの方法を見つけてトレーニングすれば、実際に脳の働きを変えられるし、脳の構造を変えられるんです。そして、私が受講生にやってもらっている意志力のいくつかのエクササイズによって、これは科学で証明されていることですが、実際に前頭前皮質が前より大きくなり、（脳の他の領域との）連携もよくなって、脳の真ん中で起きていることをもっとコントロールできるようになるんです。

| aspect:
側面
motivation:
動機、モチベーション | function:
機能、働き
structure:
構造、仕組み | exercise:
運動、エクササイズ
connected:
連携して |

INTERVIEW
The Science of Willpower Workouts

■睡眠、運動、瞑想、食べ物で意志力を強化

What are some of those ways to enhance willpower?

McGonigal Some of the best ways to enhance willpower are the things that really take good care of your brain and body. For example, getting more sleep, exercising regularly, meditation, even what you eat can increase your willpower. If you are able to eat things that keep your blood-sugar level steady—things that are…are basically healthier foods and…and not junk foods—that seems to actually increase our willpower.

| enhance:
〜を高める、強化する
take good care of:
〜をいたわる、大切に扱う | exercise:
運動する
regularly:
定期的に | meditation:
瞑想
increase:
〜を高める、強める |

来日インタビュー
「意志力を鍛えて夢をつかむ！」

そうした意志力を強化する方法というのは、どんなものなのですか。

マクゴニガル　意志力を強化するのにいちばんいい方法のなかには、脳と体をしっかりといたわることがあります。たとえば、睡眠時間を増やす、定期的に運動する、瞑想するなどですね。食べる物でも意志力は強化できるんです。血糖値を一定に保つようなものを——要するにジャンクフードではなくて、より健康的な食品ですね——食べるようにすれば、実際に意志力が高まるようです。

| keep...steady:
…を安定した状態で保つ、一定に保つ | blood-sugar level:
血糖値 | basically:
要するに |

 Track **10**

INTERVIEW
The Science of Willpower Workouts

■ 自分が楽しめる運動が意志力強化につながる

What kind of exercise do you recommend?

McGonigal　I actually recommend that people do something that they love, because if you…you know, if you tell people to exercise and they don't already, sometimes they're going to then have to use all their willpower to do it. So my first suggestion is, if there's anything that you actually like doing, like gardening or walking or dancing or sports…that there's no benefit to doing something you hate; that the benefit is…is actually using physical energy.

recommend: 〜を勧める	suggestion: 提案	hate: 〜が嫌である

来日インタビュー
「意志力を鍛えて夢をつかむ！」

お勧めの運動はどんなものがありますか。

マクゴニガル　実のところ、好きなことをやるように勧めています。というのも、ほら、運動しなさいと言っても、その人が普段運動をしない人なら、場合によっては、運動するために自分の意志力を全部使う羽目になりますから。ですから、いちばんのお勧めは、本当に楽しめることがあるなら、たとえばガーデニングでもウォーキングでもダンスでもスポーツでも構わないんです。嫌なことをやっても何のメリットもありません。実際に体のエネルギーを使うからこそ、ためになるのです。

physical energy:
体力、身体エネルギー

 Track 11

INTERVIEW
The Science of Willpower Workouts

■散歩をするだけでも効果はある

McGonigal   And there is some research suggesting that being outdoors can have a similar effect—even just taking a walk around the block. That very short amount of physical exercise in...in the outdoors—particularly if you can see the sky or you can see something green like trees—that seems to enhance the stress-reducing benefits of exercise.

So rather than having to find the time to...to work out for an hour, you could just step outdoors a couple of times, maybe before you go to work or once in the afternoon. Yeah. And that...that may actually be more beneficial than trying to do some very athletic workout.

| research:
研究、調査
suggest that:
〜ということを示唆する
effect:
効果、効き目 | take a walk:
散歩する
amount of:
〜の量
particularly:
特に、とりわけ | stress-reducing:
ストレスを減らす
rather than doing:
〜するのではなくて |

来日インタビュー
「意志力を鍛えて夢をつかむ!」

マクゴニガル　ある研究によると、外に出ることも同様の効果をもたらすことがあるらしいですよ——その辺をぐるっと散歩してくるだけでもね。そうやってほんのちょっとのあいだ外で運動するだけでも——特に、空が見えたり、木々などの緑が見えたりすると——それが運動によるストレス解消効果を高めるようです。

　ですから、運動する時間を無理に1時間つくるより、2〜3回外に出られればそれでいいんです、出勤前や午後のひとときなどにね。そうなんです。実際、激しい運動をしようとするより、そのほうが効果的かもしれません。

| work out:
運動する、トレーニングする
step outdoors:
ちょっと外に出る | a couple of:
2、3の
go to work:
仕事に行く、出勤する | beneficial:
効果的な、役に立つ
athletic:
肉体的にきつい |

 Track 12

INTERVIEW
The Science of Willpower Workouts

■意志力を弱める最大の要因のひとつはストレス

And on the other hand, what are the factors that can undermine willpower?

McGonigal   One of the...the biggest things that undermines willpower is stress, the everyday stress that we encounter. When we react to life with...with a stress response, it shifts us back into that brain state that is very impulsive, that does not think about long-term goals. And so every time we are feeling, maybe, pressured or we are...are feeling overwhelmed, and other forms of psychological stress, it makes it more difficult—not impossible—but it makes it more difficult to remember our goals and...and be the best version of ourselves.

on the other hand: 一方、反対に **factor:** 要因 **undermine:** 〜を弱める	**everyday:** 毎日の **encounter:** 〜に直面する **react to:** 〜に反応する	**stress response:** ストレス反応 **shift A into B:** AをBの状態に変える **state:** 状態

来日インタビュー
「意志力を鍛えて夢をつかむ！」

反対に、意志力を弱めかねない要因は何ですか。

マクゴニガル　意志力を弱める最大の要因のひとつはストレス、私たちが毎日のように直面するストレスですね。生活のなかでストレス反応が生じると、脳が非常に衝動的な状態に戻ってしまって、ずっと先の目標について考えなくなります。ですから、プレッシャーを感じたり、押しつぶされそうに感じたり、それ以外の形でも精神的なストレスを感じるたびに、より難しくなるんです――不可能ではありませんが――より難しくなるんです、目標を思い出して、最高の自分でいることが。

---

impulsive:
衝動的な
long-term:
長期的な
feel pressured:
プレッシャーを感じる

feel overwhelmed:
（精神的に）押しつぶされそうに感じる
form:
形、形態

psychological:
精神的な
the best version of oneself:
最高の自分

 Track 13

INTERVIEW
The Science of Willpower Workouts

■ゆっくり呼吸すると意志力が高まる

In The Willpower Instinct, *you also mention slowing down your breath. How is that helpful?*

McGonigal   Studies have actually looked at the breath rate that is most effective at reducing stress in your body and shifting the body into a state that...that I call willpower. And it seems like slowing down the breath to about four to six times a minute—if you think, like, 10 seconds for any individual breath cycle; so you inhale for five seconds and you exhale for five seconds—that pace seems to be most effective at reducing stress hormones and reducing stress physiology.

---

mention:
〜について言及する
slow down one's/the breath:
呼吸のテンポを落とす

study:
研究
breath rate:
呼吸のペース

be effective at doing:
〜するのに効果的である
reduce:
〜を減らす

来日インタビュー
「意志力を鍛えて夢をつかむ！」

『スタンフォードの自分を変える教室』では、呼吸のペースを落とすということもおっしゃっています。どんな効果があるんでしょうか。

マクゴニガル　いくつかの研究が実際に注目しています、体にたまったストレスを減らして、私の言う意志力を発揮しやすい状態に体をもっていくには、どんな呼吸のペースがいちばん効果的かについて。呼吸を1分間に4回から6回ほどに落とすのがいいようです――そうですね、1回の呼吸に10秒ぐらいかける感じでしょうか。つまり、5秒かけて吸って、5秒かけて吐く――ストレスホルモンを減少させたり、生理的ストレスを減らしたりするには、このペースが最も効果的なようです。

| individual:
個々の
breath cycle:
呼吸周期 | inhale:
息を吸う、吸い込む
exhale:
息を吐く、吐き出す | stress hormone:
ストレスホルモン
physiology:
生理機能 |

 Track 14

INTERVIEW
The Science of Willpower Workouts

■語学学習の継続には「自分はできる」という信念も必要

When learning a foreign language, you need to practice every day to become fluent, and that requires willpower. So finally, what advice would you give to people studying a foreign language?

McGonigal   Something like learning a new language or studying in general, it really does require the "I will" power. And when I think about learning a new language, it's such a big task. It can seem overwhelming. It's not something you can put on your To Do list and then check it off in one day. It requires this coming back again and again and a kind of faith in yourself that if you keep doing something every day, that eventually this is going to…to happen.

fluent:〈言葉が〉流暢（りゅうちょう）な **require:** ～を必要とする	**in general:** 一般の **task:** 課題	**overwhelming:** 圧倒的な、歯が立たない **To Do list:** やることリスト

来日インタビュー
「意志力を鍛えて夢をつかむ！」

外国語を学ぶ場合、流暢(りゅうちょう)になるには毎日の練習が必要ですが、それには意志力が求められます。最後に、外国語を勉強している人にアドバイスはありますか。

マクゴニガル 新しい言葉を学ぶ場合、というか、どんな勉強をする場合でも、まさに「やる力」が求められます。新しい言葉を学ぶことについて言えば、これは本当に大変なことです。歯が立たないと思えるかもしれません。「やることリスト」に書き加えて、一日でチェックマークをつけられるというものではありませんからね。何度も繰り返すことが必要ですし、毎日続ければ最後には習得できるんだという、自分に対する信念のようなものも必要です。

check...off:	faith in:	eventually:
…にチェックマークをつける	〜に対する信念	最後には、いずれは

INTERVIEW
The Science of Willpower Workouts

■勉強のプロセスを楽しくすれば、やる気は維持できる

McGonigal　So I like this idea of making these small commitments, where every day, the studying the language becomes something that you've committed to with a...a real trust that this daily practice, these small doses, are going to eventually add up to being able to master the language.

　And one of the things that I encourage my own students to do is to also make these things social, or to try to integrate their learning or their studying into something that they already care about so that it's less difficult to make time for it. And that might be studying with friends or family members. A lot of my students will take their study materials to a place that they love—whether they're taking it to the gym so that they can exercise while they're studying, or take it to a favorite café—and really try to find ways to make the process enjoyable to help sustain the motivation until y...you actually are starting to really see the results of your effort.

---

make a commitment: 心に決める、決意する **the studying (of) the language:** ▶口語ではofを省略することもあり、ここでは省略されている。 **commit to:** 〜に全力で取り組むと誓う	**trust:** 確信 **dose:** (体験の) 1回分 **add up to:** 最後には〜になる	**encourage...to do:** …に〜することを奨励する **social:** 人と関わる、人付き合いのある **integrate A into B:** AをBに組み入れる

来日インタビュー
「意志力を鍛えて夢をつかむ！」

マクゴニガル　ですから、小さな目標を立てて取り組むのがいいでしょう。そうすれば、その言葉の勉強は、この毎日の練習、つまり小さな一歩一歩の積み重ねが、いずれはその言葉の習得につながるという強い確信を持って自分に約束した作業になります、毎日ね。

　受講生には、同時にそういう取り組みを人と触れ合いながらやるようにしなさい、とも勧めています。あるいは、学習というか勉強を、すでに関心を持っていることに組み込むようにね。そうすれば、そのために時間をつくるのがそれほど難しくなくなります。それは友人や家族と勉強することかもしれません。私の受講生には、勉強道具を持って好きな場所に行くという人が多いです——たとえば、ジムに持っていって勉強しながら運動したり、お気に入りのカフェに持っていったり——とにかく、そのプロセスを楽しめるものにする方法を探すといいでしょう、実際に努力の成果が見えるようになるまで、やる気を維持する一環としてね。

（2013年4月号掲載）

---

care about:
〜に関心がある
so that:
〜するために
make time for:
〜のための時間をつくる

materials:
用具、道具
favorite:
お気に入りの
enjoyable:
楽しめる

sustain:
〜を維持する
see the result of:
〜の成果を見る
effort:
努力、頑張り

Willpower Workshop, Part 1
英語をモノにする意志力の鍛え方

『CNN English Express』では、2013年4月号から1年間、ケリー・マクゴニガル氏の記事を連載。CDに収録した音声は氏が自身で読み上げたものである。科学的研究結果から氏が実践している「戦略」まで盛り込みながら、意志力を鍛えるさまざまな方法を伝授してくれたが、そのなかから「英語学習を先延ばしにしない3つの戦略」「やる気の出る時間帯を把握しよう」「『なぜ英語を勉強しているのか』を思い出す」など、英語学習の継続に役立つ方法について触れられた記事をお届けする。自分の行動を「動詞」ではなく「名詞」で表すと目標を達成しやすいといった、スタンフォード大学の興味深い研究結果も紹介されている。

写真：金子 渡 翻訳：『CNN English Express』編集部

Track 17

1. Become a Willpower Scientist

■相反しない欲求はまれである

　Hi. This is Dr. Kelly McGonigal of Stanford University. I'm a scientist who studies how people make choices. Many people I talk to feel as if they are at war with themselves. They have good intentions but keep making choices they later regret.

　A recent study by American researchers can help us understand this common experience. Scientists asked 205 adults to keep track of their desires for one week. The researchers sent text messages to participants seven times a day to ask them about recent desires. They received almost 8,000 reports of desires! Interestingly, many of these desires conflicted with other goals. For example, a person had the desire to buy a stylish new jacket but also had the goal to save money for the future. Or a student wanted to play a video game but also had the goal to study more. In fact, it was rare to experience a desire without a conflict!

willpower: 意志力 **study:** ①〜を研究する　②研究　③勉強する **make a choice:** 選択する	**as if:** 〜のように **be at war with:** 〜と闘っている **good intentions:** 立派な志 **regret:** 〜を後悔する	**researcher:** 研究者 **common:** よくある **experience:** ①経験　②（欲求・感情などを）抱く、感じる

「意志力の科学者」になって自分を観察する

　こんにちは。スタンフォード大学のケリー・マクゴニガルです。私は、人がどのように選択するのかを研究している科学者です。話を聞いてみると、多くの人が自分自身と闘っているように感じています。志は立派なのに、後悔するような選択を繰り返してしまうのです。

　アメリカの研究者たちが行った最近のある研究が、こうしたよくある経験を理解する助けになるかもしれません。科学者たちは、成人205人に1週間、自分の欲求を記録してもらいました。研究の参加者に1日7回テキストメッセージを送り、その時、あるいは、その少し前に感じた欲求について尋ねたところ、欲求に関する報告は（1週間で計）8000近くに上りました！興味深いことに、そうした欲求の多くは、他の目標と相反するものでした。たとえば、ある人はおしゃれな新しいジャケットが欲しいと思う一方、将来のために貯蓄するという目標を持っていました。また、ある学生はテレビゲームをしたいと思う一方、もっと勉強するという目標を持っていました。実のところ、相反しない欲求を抱くのはまれだったのです！

---

keep track of:
〜の経過を追う、〜の記録をつける
desire:
欲求、願望
send a text message:
テキストメッセージを送る、携帯メールを送る

participant:
参加者
conflict with:
〜と矛盾する、相反する
stylish:
おしゃれな、流行の

in fact:
実のところ、実際
rare:
まれな、めったにない
conflict:
矛盾、葛藤

1. Become a Willpower Scientist

■自分を観察することが意志力を鍛える最良の方法のひとつ

When you realize how common it is to experience conflicting desires, it is easier to understand why we all struggle to reach our goals. It is human nature to want things that appear to oppose each other.

Can you overcome these inner conflicts? I believe you can. One strategy is simply paying more attention to your inner conflicts. Scientists have found that mindfulness, or the art of paying attention to your own thoughts and feelings, is one of the best ways to build willpower. When people are more aware of how they get distracted or tempted, they are more likely to make good choices.

You might pretend that you are a participant in a study of desires, and keep track of how you get pulled away from your most important goals. What you observe may help you choose to be the best version of yourself.

realize: 〜を認識する **conflicting:** 矛盾する、相反する **struggle to do:** 〜するのに苦労する **reach:** （目標を）達成する	**human nature:** 人間の本質 **appear to do:** 〜するように思える **oppose:** 〜と対立する、相反する **overcome:** 〜を克服する	**inner:** 内心の、心の奥の **strategy:** 戦略 **simply:** ただ、単に **pay attention to:** 〜に注意を向ける

「意志力の科学者」になって自分を観察する

　相反する欲求を抱くのはよくあることだと認識すれば、私たちが目標を達成するのになぜ苦労するのか理解しやすくなります。相反するように思われることを望むのが人間の本質なのです。

　こうした内心の葛藤は克服できるのでしょうか。私はできると思っています。そのための戦略のひとつが、ただ内心の葛藤にもっと目を向けるというものです。科学者たちの研究結果によれば、注意深さ、つまり、自分の考えや感情に注意を向ける技術が、意志力を鍛える最良の方法のひとつだということです。自分がどのような状態のときに気が散ったり、誘惑を感じたりするのかをもっと意識すれば、よい選択をする可能性が高くなります。

　皆さんも、欲求に関する研究に参加していると思って、自分がどのような状態のときに最も大事な目標から離れてしまうのか記録を取ってみてはいかがでしょう。自分を観察することが、最高の自分になることを選択する助けになるかもしれません。

（2013年4月号掲載）

---

mindfulness:
注意深さ
the art of:
〜の技術、コツ
be aware of:
〜を知っている、〜に気づいている
distract:
〜の気を散らす

tempt:
〜を誘惑する
be likely to do:
〜する可能性が高い
you might do:
〜してはどうでしょう
pretend that:
〜であるふりをする

get pulled away from:
〜から引き離される
observe:
〜を観察する
choose to be:
〜になることを選ぶ
the best version of oneself:
最高の自分

2. Be a Student

■「名詞」を使って自分を表現すると目標を達成しやすい

Hi. This is Dr. Kelly McGonigal of Stanford University. I have a question for you today: Do you study the English language, or are you a student of the English language? Maybe it seems like there's not much difference between the two. Let me put it another way: Would you say that you are someone who wants to learn English, or would you call yourself a lifelong learner who enjoys the process of learning English?

Although you may not have considered these questions before, it turns out that the words you use to talk about yourself can have a big impact on your motivation to follow through with a goal. Researchers at Stanford University have found that when native English speakers use a verb to describe themselves—for example, "I *exercise*" or "I *vote*"—they are less likely to follow through with a behavior than if they use a noun to describe themselves—for example, "I am an *exerciser*" or "I am a *voter*."

Let me put it another way.: 言い方を変えましょう	**it turns out that:** 〜ということがわかる、判明する	**follow through with:** 〜を最後までやり抜く、やり遂げる
lifelong learner: 生涯学習者	**have an impact on:** 〜に影響を与える	**researcher:** 研究者
consider: 〜をよく考える、熟考する	**motivation:** やる気、意欲	**verb:** 動詞

「英語を学んでいる」ではなく「英語学習者」だと言おう

　こんにちは。スタンフォード大学のケリー・マクゴニガルです。今日は皆さんに質問があります。皆さんは、英語を「勉強して」いますか、それとも、英語「学習者」ですか。一見、この2つにあまり違いはなさそうですね。では、言い方を変えましょう。皆さんはご自分のことを、英語を「学びたい」者だと言いますか。それとも、英語を学ぶ過程を楽しむ「生涯学習者」だと言いますか。

　こうした問いについて考えたことはなかったかもしれませんが、自分のことを話すのに使う言葉が、目標をあきらめずに達成しようという意欲に大きな影響を与える可能性があることがわかりました。スタンフォード大学の研究者たちによると、英語のネイティブスピーカーが自分のことを話すのに動詞を使う場合、たとえば「I exercise（私は運動する）」や「I vote（私は投票する）」などですが、やると決めたことを最後までやり抜く可能性が低くなるということです、自分のことを話すのに名詞を使う場合、たとえば「I am an exerciser（私は運動する人です）」や「I am a voter（私は投票者です）」などと言う場合よりも。

describe: ～を表現する、説明する **exercise:** 運動する **vote:** 投票する	**be likely to do:** ～する可能性が高い **behavior:** 行動	**noun:** 名詞 **voter:** 投票者

CD Track 20

2. Be a Student

■言葉を変えれば行動も変わる

　How can this subtle distinction in language possibly predict a person's actions? It has to do with personal identity. When you use a noun to describe yourself, you're taking ownership of the action. It is not just something you do or want to do—it is who you are. When you identify with a behavior, you experience more natural motivation. It is easier to remember why you want to do the behavior. You're more likely to do it even when you don't feel like it.

　The researchers at Stanford found that they could influence a person's behavior simply by having them use a noun to describe themselves. Changing their language changed their behavior.

　So if you are struggling to keep up with your study of English, you may want to take on a very specific English assignment. Is there a noun that describes the part of you who wants to put in the time to study? When you find your noun, you may find your motivation.

| How can...possibly do:
一体なぜ…は〜できるのか
subtle:
微妙な
distinction:
違い、相違 | **predict:**
〜を予想する、予測する
have to do with:
〜と関係がある
take ownership of:
〜を自分のものにする | **identify with:**
〜と一体感を持つ
experience:
（欲求・感情などを）抱く、感じる
natural:
自然な |

「英語を学んでいる」ではなく
「英語学習者」だと言おう

　言葉のこうした微妙な違いから、一体どうして人の行動が予測できるのでしょうか。それは個人のアイデンティティーと関係があります。自分のことを話すのに名詞を使うと、その行動をすっかり「自分のもの」にしていることになります。つまり、行動が単に自分の行為ややりたいことというだけでなく、自分自身の一部になるのです。行動を自分のアイデンティティーの一部としてとらえれば、もっと自然にやる気が出ます。なぜ自分はそれをやりたいのかを思い出しやすくなるのです。やる気がないときでさえ、ちゃんとやる可能性が高くなります。

　スタンフォードの研究者たちによれば、自分のことを話すのに名詞を使ってもらっただけで、その人の行動に影響を及ぼせたということです。言葉を変えることで行動も変わったのです。

　ですから、もし英語学習がなかなか続かないのなら、かなり具体的な英語の課題に取り組んでみてはいかがでしょう。つまり、ちゃんと時間をかけて勉強したい自分を表す名詞はありますか。その名詞が見つかれば、やる気が出るかもしれません。

（2013年5月号掲載）

---

influence:
〜に影響を与える
simply:
ただ、単に
struggle to do:
〜するのに苦労する

keep up with:
〜をやり続ける
you may want to do:
〜するとよいでしょう
take on an assignment:
課題に取り組む

specific:
具体的な
put in the time to do:
時間を費やして〜する

3. Breaking the Cycle of Procrastination

■物事を始める習慣をつける

　Hi. This is Dr. Kelly McGonigal of Stanford University. Have you ever found yourself putting something off today and telling yourself you'll have more time and energy tomorrow? Maybe you've resolved to learn 20 new words, or practice speaking English for 15 minutes, every day. But instead, you get distracted, put it off, and vow to double your efforts the next day. When tomorrow arrives, you discover you are just as busy—and the cycle of procrastination begins again.

　Here are some tips for breaking this cycle:

1) **Set your goal as small as you need to.** Get started today, even if what you accomplish is less than ideal. It is better to practice beginning than to practice putting it off. Even if your study time is short—say, learning one word a day—you will build the habit of making learning English a priority.

---

break: 〜を断ち切る、打開する **procrastination:** 先延ばし、先送り **put...off:** …を先延ばしにする **resolve to do:** 〜することを決意する	**practice doing:** ①〜することを練習する ②習慣的に〜する **instead:** そうしないで、その代わりに **distract:** 〜の気を散らす	**vow to do:** 〜すると誓う **double:** 〜を倍にする **effort:** 努力、頑張り

英語学習を先延ばしにしない3つの戦略

　こんにちは。スタンフォード大学のケリー・マクゴニガルです。皆さんは、今日やるべきことを先延ばしにして、明日ならもっと時間があるし、もっと活力も出ると自分に言い聞かせたことはありますか。たとえば、毎日新しい単語を20個覚えようとか、英語を話す練習を15分間やろうなどと決めたとします。ところが、ほかのことに気をとられ、勉強を先延ばしにし、明日に今日の分も頑張ろうと誓う。そして明日になると、今日と同じように忙しいことに気づき、またもや先延ばしのサイクルが始まるのです。

　では、こうした悪循環を断ち切るヒントをお教えしましょう。

1) どんなに小さな目標でもいいので、自分のできる範囲内で目標を設定する。
さっそく今日から始めましょう、達成する内容が理想的とは言えなくても。先延ばしグセをつけるよりも始める習慣をつけるほうがいいのです。たとえ学習時間が短くても――たとえば一日に単語1個を覚えるだけでも――英語学習を優先する習慣が身につきます。

---

tip:
助言、ヒント
set:
(目標・ルールなどを)設定する、決める
get started:
始める

accomplish:
〜を達成する
less than:
〜とは言えない、決して〜ない
ideal:
理想的な

say:
たとえば
build a habit of doing:
〜する習慣をつける
priority:
優先事項

3. Breaking the Cycle of Procrastination

■「明日も今日と同じ行動を取る」と決める

2) **Set a rule: Whatever you do today, you have to do tomorrow**—even if that means forcing yourself to not study because you decided to skip today's work. If you set this rule, you will no longer be able to tell yourself, "It doesn't matter if I skip studying today. I will study twice as much tomorrow!"

3) **Imagine your future regret.** When you are tempted to put something off, think about how you will feel if you continue to make that choice and never accomplish your goal. Then imagine how good you will feel at the end of the day if you keep today's commitment.

I hope that these three strategies will help you find the willpower to reach your goals. And congratulations for taking the time today to study English! You are already well on your way.

mean doing: 〜する結果になる **force...to do:** …に〜することを強いる **decide to do:** 〜することに決める **skip:** 〜をさぼる	**work:** 勉強 **no longer:** もはや〜ない **it doesn't matter if:** 〜でも構わない	**imagine:** 〜を想像する **regret:** 後悔 **be tempted to do:** 〜する気にさせられる

英語学習を先延ばしにしない
3つの戦略

2) 今日やることが何であれ、明日もそれと同じことをしなければならないというルールを決める——たとえ今日の勉強をさぼることにしたために、明日も勉強しないことになってもです。こうしたルールを決めれば、もう自分に言い聞かせることはできなくなります、「今日は勉強をさぼっても構わない。明日、今日の分も勉強するんだから！」と。

3) 将来の後悔を想像する。物事を先延ばししたくなったら、先延ばしすることを選択し続けて目標を達成できない場合に、どんな気持ちになるか考えてみましょう。そして、今日やるべきことをやれたら、一日の終わりにどんなにいい気分になるか想像してみましょう。

　この3つの戦略が目標を達成するための意志力をつける助けになれば幸いです。今日も英語学習の時間が取れてよかったですね！ 皆さんはすでに十分目標を達成しつつあるのです。

（2013年6月号掲載）

---

continue to do: 〜し続ける	**strategy:** 戦略	**congratulations for doing:** 〜してよかったですね
make a choice: 選択する	**willpower:** 意志力	**take time to do:** 〜するために時間を割く
keep a commitment: 誓約を守る	**reach:** （目標を）達成する	**be well on one's way:** 順調に進んでいる

4. A Matter of Timing

■意志力が最も強いのは、脳と体が十分休息したとき

Hi. This is Dr. Kelly McGonigal of Stanford University. Today, I want to talk to you about timing and how your schedule can help you reach your goals.

You might have noticed that when you schedule important tasks for the end of the day, they rarely get done. Why is this? Researchers have found that for most people, willpower deteriorates over the course of the day. You have the greatest willpower when you first wake up. But as the day goes on, self-control weakens.

One reason is biological. Willpower is at its peak when the brain and the body are well rested. Over the course of the day, stress hormones increase and physical fatigue sets in. Both interfere with the brain's self-control system.

---

a matter of:
〜の問題
schedule:
①スケジュール　②〜を予定に入れる
reach:
（目標を）達成する
notice that:
〜ということに気づく

task:
仕事、作業
rarely:
めったに〜ない
get done:
〈仕事などが〉済む、終わる
researcher:
研究者

willpower:
意志力
deteriorate:
低下する、衰える
over the course of:
〜のうちに、〜の間に
wake up:
目覚める、起きる

やる気の出る時間帯を把握しよう

　こんにちは。スタンフォード大学のケリー・マクゴニガルです。今日は、タイミングについてと、スケジュールが目標達成の助けになりうるということについてお話ししたいと思います。

　皆さんもお気づきかもしれませんが、重要な作業の予定を一日の最後に設定すると、その作業をやり終えることはめったにありません。なぜでしょう？研究者たちによると、たいていの人は、一日の間に意志力が徐々に低下していくということです。意志力が最も強いのは、朝起きてすぐです。しかし、時間がたつにつれ、自制心は弱まっていくのです。

　その理由のひとつは生物学的なものです。意志力が最高潮に達するのは、脳と体が十分に休息したときです。一日の間に、だんだんストレスホルモンが増加し、体が疲れ始めます。ストレスホルモンも体の疲労も、脳の自制システムの働きを妨げるのです。

---

as the day goes on:
一日の中で時間がたつにつれ
self-control:
自制心
weaken:
弱まる
biological:
生物学的な、生物学上の

be at one's peak:
最高潮に達している
brain:
脳
be rested:
休息をとった状態である
increase:
増加する

physical fatigue:
体の疲れ、肉体的疲労
set in:
〈好ましくないことが〉始まる
interfere with:
〜を妨げる、邪魔する

4. A Matter of Timing

■重要なことは意志力が強い時間帯に行う

　Psychologists also believe that the motivation to improve yourself gets temporarily depleted through effort. It's as if self-improvement needs to be balanced by a little self-indulgence. If you've worked hard all day, you'll naturally seek out some fun or relaxation. This doesn't mean you're lazy, but you may need to rethink your schedule.

　If there's something that matters to you, schedule it for first thing in the day. Don't hope that your exhausted, end-of-the-day self will be willing to exercise or study English. Give the task to your most motivated and well-rested self.

　Also, pay attention to when else in the day you seem to have the most willpower. The body's circadian rhythms, as well as your own unique daily schedule, may create pockets of energy throughout the day. Learn to recognize when you are best able to get things done, and reserve that time for the things that matter most.

psychologist: 心理学者 motivation: やる気、意欲 improve oneself: 自分を向上させる、高める temporarily: 一時的に deplete: 〜を激減させる	effort: 努力、頑張り as if: 〜のように self-improvement: 自己改善、自己改革 self-indulgence: わがまま、好き勝手 naturally: 当然	seek out: 〜を求める、得ようとする relaxation: 息抜き、くつろぎ lazy: 怠惰な matter: 重要である exhausted: 疲れ切った

やる気の出る時間帯を把握しよう

　心理学者たちは、自分を高めようという意欲は、そのための努力をすることで、一時的に激減するとも考えています。ですから、自分を向上させることと、自分を少し甘やかすことのバランスを取る必要があるようです。一日中、一生懸命働いたら、楽しいことや息抜きをしたくなるのは当然です。そうしたからといって、別に怠惰というわけではありませんが、スケジュールを考えなおす必要があるかもしれません。

　重要な事柄があれば、それを一日の最初にやるよう予定を立てましょう。一日の終わりの疲れ切った状態でも、自分はエクササイズをしたり、英語の勉強をしたりするのをいとわないだろう、などと期待してはいけません。そうしたタスクは、最もやる気に満ちて、十分に休息した自分にやらせましょう。

　さらに、一日のなかで朝起きたとき以外に最も意志力が強そうなのはいつ頃なのか、注意を向けてみましょう。体の概日リズムに加えて皆さん独自の毎日のスケジュールが、一日のなかで元気の出る時間帯を生み出してくれるかもしれません。自分がやるべきことをやるのに最もはかどる時間帯を見極めるようにし、その時間を最も重要なことをするために取っておきましょう。

（2013年7月号掲載）

---

self: 自己、自分自身
be willing to do: 〜することをいとわない
motivated: やる気のある
well-rested: 十分に休息した
pay attention to: 〜に注意を向ける

circadian rhythm: 概日リズム　▶約24時間周期で変動する生理現象。
one's own unique: 〜独自の
pocket: （時間の）はざま
throughout: 〜を通して

learn to do: 〜できるようになる
recognize: 〜を認識する
get...done: …を済ます、終わらせる
reserve A for B: AをBのために取っておく

5. Remember the Why

■自分の努力に満足すると、やる気をなくすことがある

　Hi. This is Dr. Kelly McGonigal of Stanford University. I want to begin by congratulating you. Right now, you're practicing English. You could be doing anything with your time, but you chose to study. How do you feel when you acknowledge this? Do you feel closer to your goal to learn English?

　Your answer to this question may influence your ultimate success in learning English. Research shows that when people take a positive step toward meeting a goal, they sometimes feel so good about their progress that they temporarily lose motivation. For example, students who feel good about studying today may tell themselves they don't need to prioritize studying tomorrow. Psychologists call this moral licensing. You feel so good about making progress toward your goal that you give yourself permission to do something that conflicts with your goal. Your own hard work becomes a barrier to tomorrow's progress.

---

congratulate:
〜をほめる、称賛する
choose to do:
〜するほうを選ぶ、〜することに決める
acknowledge:
〜を認識する、〜に気づく

(be) closer to:
〜により近づいている
influence:
〜に影響を与える
ultimate:
最終的な

take a step toward:
〜に向けて一歩前進する
positive:
前向きな
meet:
(目的などを) 果たす、達成する

「なぜ英語を勉強しているのか」を思い出す

　こんにちは。スタンフォード大学のケリー・マクゴニガルです。まずは皆さんをほめたいと思います。今、皆さんは英語を勉強していますよね。この時間を何に使ってもいいのに、皆さんは勉強することを選んだわけです。このことに気づいて、どう思われますか。英語を身につけるという目標により近づいたと感じますか。

　この問いに対する答えが、最終的にどの程度、英語を身につけられるかに影響するかもしれません。ある研究によると、人は目標の達成に向けて一歩前進すると、時にその進歩に喜ぶあまり、一時的にやる気をなくすことがあるそうです。たとえば、今日勉強したことに満足している学生は、明日は勉強を優先させなくてもいいと自分に言い聞かせるかもしれません。心理学者たちは、これを「モラル・ライセンシング」と呼んでいます。目標に向かって前進していることに満足するあまり、目標と相反する行為を自分に許してしまうわけです。努力したこと自体が、明日の進歩の妨げになってしまうのです。

---

progress:
進歩、向上
temporarily:
一時的に
motivation:
やる気、意欲

prioritize:
〜を優先させる
psychologist:
心理学者
permission:
許可

conflict with:
〜と矛盾する、相反する
hard work:
努力
a barrier to:
〜の妨げ

5. Remember the Why

■「目標達成のためにどれだけ熱心に取り組んだか」を考える

It's possible to avoid this trap by rethinking how you celebrate your own efforts. Researchers have found that if you view your positive action as evidence that you are strongly committed to your goal, you will feel even more motivated. Students who are asked to reflect on their commitment, not their progress, choose studying over other ways to spend their time. They capitalize on their positive actions to get even closer to their goals.

I encourage you to take a moment now to acknowledge your commitment to learning English. You're demonstrating that commitment right now. It matters to you, and you've made the time for it. Remember why you're choosing to spend your time this way. You can use this strategy of "remembering the why" to reinforce your commitment to any goal.

it is possible to do: 〜することが可能である **avoid:** 〜を避ける、回避する **trap:** 落とし穴 **celebrate:** 〜を称賛する	**effort:** 努力、頑張り **researcher:** 研究者 **view A as B:** AをBとみなす **evidence:** 証拠、表れ	**be committed to:** 〜に熱心である **motivated:** やる気の出る **reflect on:** 〜をよく考える

「なぜ英語を勉強しているのか」を思い出す

　自分の努力をどのように称えるかを考えなおすことで、この落とし穴を避けることができます。研究者たちによると、自分の前向きな行動を、目標を達成するのに真剣なことの表れだとみなすと、一層やる気が出るそうです。(目標達成に向けて)自分がどれだけ前進したかではなく、どれだけ熱心かを考えるように言われた学生は、ほかのことに時間を使うよりも勉強するほうを選びます。それまでの前向きな行動をばねにして、目標達成にさらに近づくのです。

　私は皆さんに、今少しだけ時間を取って、英語習得に対するご自身の意気込みを自覚することをお勧めします。まさに今、皆さんはその熱意を示しています。英語の習得は皆さんにとって重要なことで、そのための時間をつくっていますよね。なぜご自分の時間をこのように使うことにするのか思い出してください。この「なぜそうするのかを思い出す」という戦略を用いれば、どんな目標に対しても達成への意気込みを高めることができますよ。

(2013年8月号掲載)

---

commitment:
熱意、傾倒
choose A over B:
BよりAを選ぶ
capitalize on:
〜を利用する

encourage...to do:
…に〜することを奨励する
take a moment to do:
少し時間を取って〜する
demonstrate:
〜を(行動などで)示す

matter:
重要である
strategy:
戦略
reinforce:
〜を強化する

6. Willpower Partner

■目標達成を助けてくれる意志力のパートナー

Hi. This is Dr. Kelly McGonigal of Stanford University. Today, I want to talk to you about finding a willpower partner. A willpower partner is someone who helps you succeed. Let's say that your goal is to learn English. A willpower partner could be someone who also wants to learn English. You could share strategies, like learning a new word every day, and then check in with each other by e-mailing your word of the day.

A willpower partner can also be someone who wants you to succeed. It could be a friend who knows why learning English is important to you. You tell them what you are going to do to reach your goal, and they agree to check in with you to find out if you have kept your commitment.

| willpower:
意志力
Let's say that:
仮に〜だとしましょう | share:
〜を共有する
strategy:
戦略 | check in with:
〜と連絡を取る
reach:
(目標を) 達成する |

意志力のパートナーを持とう

　こんにちは。スタンフォード大学のケリー・マクゴニガルです。今日は、意志力のパートナー探しについてお話ししたいと思います。意志力のパートナーとは、あなたが成功するのを助けてくれる人のことです。たとえば、英語を身につけることがあなたの目標だとしましょう。意志力のパートナーは、やはり英語を身につけたいと思っている人かもしれません。「毎日新しい単語をひとつ覚える」などの戦略を共有し、今日覚えた単語をメールで報告し合ってもいいでしょう。

　意志力のパートナーは、あなたに成功してもらいたいと思っている人の場合もあるでしょう。あなたにとって英語を身につけることがなぜ重要なのかを知っている友達かもしれません。たとえば、目標を達成するために何をするかを伝えたら、あなたがちゃんとそれを実行しているかどうかを確認するために、連絡を取るようにすると言ってくれる人です。

| agree to do:
〜することを承諾する | find out if:
〜かどうかを知る | keep one's commitment:
約束を守る |

6. Willpower Partner

■パートナーがいるから集中力を保てる

　You can also choose a partner who has a completely different goal. Maybe they want to save money or improve their golf game. Whatever their goal, you can support each other. Describe your goals to each other, why you want to succeed, and what you are going to do to reach your goals. The next time you talk, find out if you were able to follow through. If not, talk about what got in the way. Hold each other accountable.

　Whatever your motivation for learning English, adding the social motivation of a willpower partner will help. I use this strategy myself, for big projects like writing a book. My writing willpower partner and I check in with each other by e-mail once a week. It helps me stay focused, and together we strategize for overcoming procrastination and writing challenges. I hope you too will find a willpower partner who helps you reach your goals.

| choose:
〜を選ぶ
completely:
まったく、完全に
improve one's golf game:
ゴルフの腕を上げる | describe:
〜を述べる、説明する
follow through:
最後までやり遂げる
get in the way:
妨げになる | hold...accountable:
…に責任を持たせる
motivation:
動機、モチベーション
add:
〜を付け加える |

意志力のパートナーを持とう

　また、まったく異なる目標を持っている人を（意志力の）パートナーに選ぶこともあるでしょう。たとえば、お金を節約したいとか、ゴルフの腕を上げたいなどと思っている人です。その人たちの目標が何であれ、お互いに支え合うことができます。お互いに目標を語り合い、なぜ成功したいのか、目標を達成するために何をするのかを語り合いましょう。次に話すとき、それをやり遂げられたかを確認し合い、もしやり遂げていなかったら、何が妨げになったのかを話し合いましょう。お互いに約束を守らせ合うのです。

　英語を身につけたい動機が何であれ、意志力のパートナーという社会的モチベーションを加えるのは効果的です。私自身、本を執筆するなどの大きなプロジェクトのために、この戦略を使っています。執筆面での意志力のパートナーと私は、週1回、メールで連絡を取り合っています。そのおかげで、私は集中力を保つことができていますし、先延ばししたい気持ちを克服し、執筆の困難を乗り越える戦略を一緒に立てています。皆さんにも、目標達成の助けとなる意志力のパートナーが見つかるといいですね。

（2013年12月号掲載）

---

social:
社会的な
help:
役に立つ、効果がある
stay focused:
集中力を保つ、気を散らさない

strategize:
戦略を練る
overcome:
〜を克服する、乗り越える

procrastination:
先延ばし、先送り
challenge:
課題、難題

Willpower Workshop, Part 2
「なりたい自分」になるための戦略

『CNN English Express』の連載記事では、こうなりたいと想像する最高の自分になるために、どのように目標を立て、それを達成したらいいのかも教えてくれた。
「自分のまちがいや失敗を許す」「意志力は感染する」「完璧な『新年の誓い』とは？」など、マクゴニガル氏独自の視点を交えながら語られた目標達成の秘けつは興味深い。
また、「変わろうと決心するだけでは変われない」「なりたい自分になるためには今できることをひとつでもやることが大切」と説いている。
インタビュー時とはストレスのとらえ方が変わった点も挙げておく。ストレスを味方につければ、目標達成の助けになりうるという。

写真：金子 渡　翻訳：『CNN English Express』編集部

Track 29

7. Why You Should Forgive Your Mistakes

■自己批判が強いと、立ち直る意欲を失う可能性が高い

 Hi. This is Dr. Kelly McGonigal of Stanford University. Today, I want to share with you an idea from the science of willpower that is counterintuitive for most people. The idea is this: when you experience a setback, you will have a better chance of getting back on track if you forgive your mistake than if you focus on your shame or guilt. The harder you are on yourself, the more likely you are to lose your motivation to recover.

 For example, studies show that students who forgive themselves for procrastinating are less likely to put off studying for their next exam. In contrast, students who are most self-critical procrastinate again for the next exam. The same has been found for other willpower challenges, like spending and drinking.

forgive: 〜を許す **mistake:** 誤り、まちがい、失敗 **share A with B:** AをBに話す　▶ここではAに当たる部分が長いので、share with B Aの形になっている。 **willpower:** 意志力	**counterintuitive:** 直観に反した、常識にそぐわない **experience:** 〜を経験する **setback:** 挫折、(進歩の) 後退 **have a chance of doing:** 〜する可能性がある	**get back on track:** 再び軌道に乗る、立ち直る **focus on:** 〜に集中する **shame:** 恥ずかしさ **guilt:** 罪悪感、自責の念

自分のまちがいや失敗を許す

　こんにちは。スタンフォード大学のケリー・マクゴニガルです。今日は「意志力の科学」からわかった、大半の人にとって常識に反する考えについてお話ししたいと思います。その考えとは、挫折を経験したときに、恥ずかしさや自責の念にとらわれるよりも、自分のまちがいや失敗を許すほうが、立ち直る可能性が高くなる、というものです。自分を責めれば責めるほど、再起する意欲を失いやすくなるのです。

　たとえば、これは複数の研究からわかったことですが、勉強を先延ばしにした自分を許す学生は、次の試験のための勉強を後回しにする可能性がそれほどないそうです。対照的に、自己批判が最も強い学生は、次の試験のための勉強も先延ばしにしてしまうそうです。同じ傾向が、買い物や飲酒など、意志力が試される別の事柄でも見られます。

---

be hard on oneself:
自分を責める
be likely to do:
〜する可能性が高い
motivation:
やる気、意欲
recover:
回復する

study:
研究
procrastinate:
先延ばしする
put off doing:
〜することを先延ばしにする
exam:
＝examination　試験

in contrast:
対照的に
self-critical:
自己批判的な
challenge:
課題、難題

7. Why You Should Forgive Your Mistakes

■挫折は誰にでもあることを念頭に置いておく

I myself struggled to accept this finding, as I had long assumed that self-criticism motivated me to improve. But the research suggests that self-criticism creates a willpower paradox. It makes us want to change, but it does not give us the strength to take action. So you feel bad, and you want to do better, but you may succumb to self-doubt or anxiety. To learn from your mistakes, you need to forgive yourself and give yourself permission to move on.

How do you do this when you're feeling shame and disappointment over a setback? One of the most helpful strategies is to remember the common humanity of setbacks. Everyone makes mistakes, and everyone fails sometimes. This is part of the process of self-improvement and the path to success. Your setback does not necessarily say anything about your potential. It simply says that you are human. When you remember this, even a setback can strengthen your motivation and point you toward positive action.

struggle to do: 〜するのに苦労する **accept:** 〜を受け入れる **finding:** 研究結果 **assume that:** 当然〜だと思う、〜だと思い込む **self-criticism:** 自己批判	**motivate...to do:** …を〜する気にさせる **improve:** 向上する、進歩する **suggest that:** 〜ということを示唆する **paradox:** 矛盾 **strength:** 強さ	**take action:** 行動を起こす **succumb to:** 〜に負ける、屈する **self-doubt:** 自信喪失、自己不信 **anxiety:** 心配、不安 **permission:** 許可

自分のまちがいや失敗を許す

　私自身、この研究結果をなかなか受け入れられませんでした。というのも、自己批判は私に自分を高めようという気にさせてくれると、ずっと思い込んでいたからです。ところが、研究によれば、自己批判は意志力の矛盾を生み出すとのことです。自己批判をすると、私たちは自分を変えたいと思いますが、行動を起こす強さまでは得られません。ですから、自分はだめだと感じて、自分を向上させたいと思っても、自信のなさや不安に負けてしまうかもしれません。まちがいや失敗から学ぶためには、自分を許し、前に進むことを自分に許す必要があります。

　挫折に対して恥ずかしさや失望を感じるとき、どうしたら自分を許せるのでしょう？ 最も役立つ戦略のひとつは、挫折は誰にでもあるということを念頭に置いておくことです。誰でもまちがいを犯しますし、誰でも時には失敗します。これは、自分を向上させる過程と成功への道のりにつきものなのです。挫折は必ずしも皆さんの可能性について何かを示しているわけではありません。ただ、皆さんも人間だということを示しているだけです。このことを念頭に置いておけば、挫折でさえやる気を高め、前向きな行動に導いてくれるかもしれません。

（2013年9月号掲載）

---

move on:
先に進む、前進する
disappointment:
失望
helpful:
役に立つ、有益な
strategy:
戦略
common humanity:
共通の人間性

fail:
失敗する
self-improvement:
自己改善、自己改革
a path to:
〜への道
not necessarily:
必ずしも〜ない
potential:
可能性、潜在能力

simply:
ただ、単に
strengthen:
〜を強化する
point A toward B:
AをBに向かせる
positive:
前向きな

8. The Power of Role Models

■意欲が低下しているときはロールモデルを思い浮かべる

　Hi. This is Dr. Kelly McGonigal of Stanford University. If I ask you who your willpower role model is, who comes to mind? The more easily you can answer this question, the more likely you are to reach your goals.

　Psychology researchers have found that when you are lowest in motivation, bringing to mind a role model gives you an extra boost of energy and discipline. Thinking about a role model helps you connect with the part of you that is most motivated to reach a goal.

　You may have a role model for a specific goal—someone who has succeeded in attaining that goal or who has overcome the same obstacles you face. But a willpower role model can be anyone who represents the qualities you will need to reach your goal, such as perseverance, self-control or courage. It could be a family member, a leader, an athlete or anyone who has demonstrated the strengths you aspire to. Bringing a role model to mind helps you get in touch with those qualities in yourself.

role model: 手本・模範になる人	**psychology:** 心理学	**boost:** 高めること、強めること
willpower: 意志力	**researcher:** 研究者	**discipline:** 自制心
come to mind: 思い浮かぶ	**motivation:** やる気、意欲	**connect with:** 〜とつながりを持つ
be likely to do: 〜する可能性が高い	**bring to mind.../bring...to mind:** …を思い浮かべる	**motivated:** やる気のある
reach: （目標を）達成する		**specific:** 特定の

意志力は感染する

　こんにちは。スタンフォード大学のケリー・マクゴニガルです。もし私が、皆さんの意志力のロールモデルは誰ですかとたずねたら、誰が思い浮かびますか。この質問にすぐに答えられれば答えられるほど、目標を達成する可能性が高まります。

　心理学の研究者たちによれば、意欲が最も低下しているときにロールモデルを思い浮かべると、活力と自制心が高まる、ということです。ロールモデルのことを考えると、自身のなかにある、目標達成に向けて最もやる気のある自分に触れることができるのです。

　皆さんには、ある特定の目標のお手本となる人がいるかもしれません。つまり、その目標をすでに達成した人や、自分が直面しているのと同じような障害を克服した人です。しかし、意志力のロールモデルは、目標を達成するのに必要な性質、たとえば、ねばり強さ、自制心、勇気などを体現する人であれば、誰でもいいのです。家族でも、リーダーでも、スポーツ選手でも、皆さんが目指す強さを示している人なら、誰でもなりえます。ロールモデルを思い浮かべることは、自分のなかにあるそうした性質に触れる助けになるのです。

---

attain: （努力して目標を）達成する **overcome:** 〜を克服する **obstacle:** （目的達成を阻む）障害 **face:** 〜に直面する **represent:** 〜の典型となる、見本となる	**quality:** 性質 **such as:** たとえば〜など **perseverance:** 忍耐力、根気強さ **self-control:** 自制心 **courage:** 勇気	**demonstrate:** 〜を（行動などで）示す **strength:** 強さ **aspire to:** 〜を求める、目指す **get in touch with:** 〜に触れる、〜を実感する

Track 32

8. The Power of Role Models

■身近な人のロールモデルになろう

Once you recognize how helpful it can be to have a role model, you may find another way to increase your willpower: being a role model for someone else. Scientists have found that willpower is contagious. Your own hard work and self-control can rub off on your friends, family and coworkers. When you need to find your own motivation, ask yourself who you might be an inspiration to. Try to remember the positive effect that your own efforts might have for others. It is a powerful way to acknowledge that trying to improve yourself is not selfish but part of how you show up in the world for the people you care about.

---

once:
ひとたび〜すれば
recognize:
〜を認識する
helpful:
役に立つ、有益な

increase:
〜を高める、強める
contagious:
伝染性の
hard work:
努力

rub off on:
〈性質などが〉〜にうつる
coworker:
同僚
inspiration:
刺激を与える存在

意志力は感染する

　ロールモデルがいることがどれだけ有益になりうるかを認識すれば、意志力を高める別の方法が見つかるかもしれません。つまり、自分が誰かのロールモデルになるのです。研究者たちによると、意志力は感染するそうです。自分の努力や自制心が、友達や家族、同僚にうつることがあるのです。やる気を見いだす必要があるときは、こう自分に問いかけてみましょう、自分は誰に刺激を与える存在になりうるかを。そして、自分の努力が他人に与えうるプラスの影響を思い出すようにしましょう。それは、自分を向上させようとすることは利己的なことではなく、大切に思っている人たちのために自分のいい面を積極的に示す一環だと気づく有効な方法なのです。

(2013年10月号掲載)

positive effect:
プラスの影響、効果
effort:
努力、頑張り
powerful:
有効な
acknowledge that:
〜ということを認識する
improve oneself:
自分を向上させる、高める
selfish:
利己的な、自分本位の
show up:
《話》自分のいい面を積極的に見せる
care about:
〜を大事にする、大切に思う

9. The False-hope Syndrome of Self-improvement

■良くなった自分を想像するだけでは意味がない

　Hi. This is Dr. Kelly McGonigal of Stanford University. In my experience helping people reach their goals, I've come to realize that sometimes the best part of the process is deciding to change. When you vow to improve yourself, it immediately lifts your spirits. Research shows that people who set a resolution to improve themselves feel more confident, in control and hopeful. They even feel stronger and taller. Amazingly, this is all before they've done anything to reach their goals!

　While resolving to change can be motivating, it sometimes leads to a phenomenon psychologists call false-hope syndrome. This is when you let yourself be inspired by imagining your improved future self but fail to take any real action. You can get addicted to imagining how great life will be when you reach your goal. This good feeling can be a temporary cure for self-doubt or shame. Unfortunately, sometimes it also becomes a substitution for the hard work of having to actually change.

---

false-hope syndrome:
いつわりの希望シンドローム
▶変わろうと決心し、将来の自分の姿を想像して良い気分になるが、うまくいかないと努力しなくなる。しかし、それではいけないと思いなおし、また変わろうと決心する、ということを繰り返すこと。

self-improvement:
自己改善、自己改革
come to do:
〜するようになる
vow to do:
〜することを誓う
immediately:
すぐに、直ちに
lift someone's spirits:
〜の気持ちを高揚させる

set a resolution:
決心する、決意する
confident:
自信のある
in control:
自制した
hopeful:
希望に満ちた
amazingly:
驚くべきことに

「変わろう」という決心の落とし穴

　こんにちは。スタンフォード大学のケリー・マクゴニガルです。私は人様の目標を達成するお手伝いをしてきた経験から、時に目標達成の過程でいちばんいいのは、変わろうと決心することだと気づくようになりました。自分を向上させるんだと誓うと、すぐに気持ちが高揚するのです。研究によると、自分を向上させる決心をした人は、以前より自信と自制心を持ち、希望に満ちていると感じるそうです。そして以前より強くなり、背が高くなったとまで感じます。驚くべきことに、これは目標を達成するのに、まだ何もしていない段階でのことなのです！

　変わろうと決心すると、やる気が出るかもしれませんが、時に心理学者たちが「いつわりの希望シンドローム」と呼ぶ現象をもたらします。これは良くなった将来の自分を想像することでやる気を出すものの、実際の行動に移さないことを言います。目標を達成したらどんなに素晴らしい人生になるだろうと、あれこれ想像することにはまってしまうことがあるのです。こうした良い気分は、自信のなさや恥の意識を一時的に取り除いてくれるかもしれません。しかし残念ながら、そうした気分を味わうと、時に、実際に変わるために必要な努力もせずに満足してしまうのです。

---

resolve to do: 〜しようと決心する
motivating: やる気にさせる、意欲を高める
lead to: 〜につながる、至る
phenomenon: 現象
be inspired: 奮起する

self: 自己、自分自身
fail to do: 〜しない
get addicted to doing: 〜することにはまる、やみつきになる
temporary: 一時的な

cure: 治療法
self-doubt: 自信喪失、自己不信
shame: 恥ずかしさ
unfortunately: 残念ながら
a substitution for: 〜の代わりになるもの

9. The False-hope Syndrome of Self-improvement

■目標に沿った具体的な行動をひとつでもやってみる

Thinking about your ideal future self must be paired with concrete steps to reach your goal. I recommend that when you have a goal, you identify at least one specific action you can take today that is consistent with that goal. Try to figure out what step you can take right now, even if it feels like the gap between where you are today and where you want to be is huge. The emotional boost you'll get from taking a small step may not be quite as addicting as imagining your improved self, but it is much more likely to help you become that future self.

ideal: 理想的な **be paired with:** 〜と対をなす **concrete:** 具体的な	**recommend that:** 〜ということを勧める **identify:** 〜を見いだす **at least:** 少なくとも	**specific:** 具体的な **be consistent with:** 〜と一致する、矛盾しない

「変わろう」という
決心の落とし穴

　自分の理想の将来像を考えることは、目標を達成するための具体的な行動と対になっていなければなりません。私がお勧めするのは、目標を持っているなら、その目標に沿っていて今日できる具体的な行動を、少なくともひとつ見つけることです。今やれることは何であるかを考え出すようにしましょう、たとえ今日の自分と、なりたい自分のギャップがとても大きく感じられても。小さな一歩から得られる高揚感は、良くなった自分を想像することほどやみつきになるものではないかもしれませんが、将来そうした自分になるのに役立つ可能性がずっと高いのです。

（2013年11月号掲載）

---

figure out:
〜を考え出す
gap between A and B:
AとBの間の隔たり

huge:
非常に大きな
emotional boost:
気持ちの高まり

addicting:
やみつきになる
be likely to do:
〜する可能性が高い

10. The Perfect New Year's Resolution

■「人生にどう取り組みたいか」を誓いにする

Hi. This is Dr. Kelly McGonigal of Stanford University. Around now, many people, including myself, are thinking about our goals for 2014. If you're thinking of setting a resolution for the new year, I'd like to share a new way of approaching it.

Most people set a specific goal, such as quitting smoking or getting up early to exercise. Maybe you set a resolution like that last year. But the best resolutions aren't about choosing a behavior to change or reaching a specific goal.

My favorite kind of resolution is to choose an area in my life to focus my energy on. Past resolutions have included prioritizing my health, finding more opportunities to mentor others, and last year, welcoming new opportunities. It's not about what I want to achieve. It's about how I want to approach life.

New Year's resolution: 新年の誓い	**approach:** 〜に取り組む	**quit:** 〜をやめる
set a resolution: 決心する、決意する	**specific:** 具体的な	**choose:** 〜を選ぶ
share: (考えなどを) 話す、伝える	**such as:** たとえば〜など	**behavior:** 行動

完璧な「新年の誓い」とは？

　こんにちは。スタンフォード大学のケリー・マクゴニガルです。今ごろの時期になると、私も含めて多くの人が2014年の目標を考えます。もし皆さんが新年の抱負について考えているなら、その新しい取り組み方をお教えしましょう。

　大半の人は、禁煙するとか早起きして運動するなど、具体的な目標を設定します。もしかすると、皆さんも去年、そのような誓いを立てたのではないでしょうか。ですが、最もよい誓いとは、改めるべき行いを選んだり、具体的な目標を達成しようとしたりすることではありません。
　私が好む誓いは、人生において力をそそぎたい領域を優先したものです。これまでに誓ったのは、健康を第一に考える、人を指導する機会を増やすなどで、昨年は、新しい機会を進んで受け入れることを誓いました。つまり、何を達成したいかではなく、人生にどう取り組みたいかを誓いにするのです。

---

reach:
（目標を）達成する
favorite:
お気に入りの
focus A on B:
AをBに集中させる

include doing:
〜することを含む
prioritize:
〜を優先させる
opportunity:
機会

mentor:
〜を指導する、〜の助言者となる
welcome:
〜を進んで受け入れる
achieve:
〜を達成する

10. The Perfect New Year's Resolution

■「新年の誓い」は1年の目標宣言

　This kind of high-level resolution helps me make strategic choices. Throughout the year, I ask myself: Am I spending my energy on what I said was most important to me? If I'm conflicted about a decision, I can ask myself: Which choice best reflects my intention for the year? If I feel like I'm not following through with my resolve, I can ask myself: What is one thing I can do today that is consistent with my priority? I'm happy to report that this year's resolution has been a success. For example, it's encouraged me to travel more, including two trips to Japan.

　The perfect New Year's resolution is one that becomes a mission statement for your year. As you think about your resolution, consider the vision you have of your life. Maybe you want to vow to "Put family first," or "Choose health," or "Embrace new challenges at work." Whatever your vision, make that your resolve and look forward to the year to come.

high-level: ▶通例、「高次の」という意味だが、ここでは「高い位置から全体を見る」という意味で使われている。 strategic: 戦略的な throughout: 〜を通して	be conflicted about: 〜について葛藤する decision: 決意、決断 reflect: 〜を反映する、表す intention: 意図、意志	follow through with: 〜を最後までやり抜く、やり遂げる resolve: 決心、決意 be consistent with: 〜と一致する、矛盾しない priority: 優先事項

完璧な「新年の誓い」とは？

　こうした高い視点から自分の人生を見渡して立てる誓いのおかげで、私は戦略的な選択がしやすくなっています。1年を通して、私は自問します。自分にとって最も大切だと言ったことに力をそそいでいるだろうか。迷っていてなかなか決心がつかない場合には、こう自問することもできます。今年の抱負を最もよく反映するのはどの選択だろうか。自分で誓ったことをやり遂げられていないと感じたら、こう自問することもできます。私が優先することに沿っていて、ひとつでも今日できることは何だろうか。うれしいことに、今年（2013年）の誓いは達成できていると言えます。たとえば、誓いを立てたことで今までよりも旅行ができ、日本にも2回行きました。

　完璧な「新年の誓い」は、1年の目標宣言になります。どんな誓いを立てようか考えるとき、自分が持っている人生のビジョンをよく考えてみましょう。「家族を第一に考える」「健康を優先する」「職場で新しい課題に積極的に取り組む」といったことを誓いたいと思うかもしれませんね。皆さんのビジョンがどんなものであれ、それに沿った誓いを立て、新しい年を楽しみにしましょう。

（2014年1月号掲載）

---

encourage...to do:
…に〜するよう仕向ける
mission statement:
使命の宣言、目標の宣言
consider:
〜をよく考える、熟考する
vision:
ビジョン、未来図

vow to do:
〜することを誓う
put...first:
…を最優先させる、第一に考える
embrace:
〜を積極的に受け入れる
challenge:
課題、難題

at work:
職場で
look forward to:
〜を楽しみにする
the year to come:
新しい年、くる年

11. Can Stress Help You Reach Your Goals?

■イェール大学心理学者たちの驚きの研究結果

Hi. This is Dr. Kelly McGonigal of Stanford University. Today, I want to talk about something many people believe is the enemy of willpower: stress.

Which of the following two statements best reflects how you think about stress?

1) The effects of stress are negative and should be avoided.
2) The effects of stress are positive and should be embraced.

Until recently, I would have agreed with the idea that stress is harmful. And yet, new research has made me rethink my beliefs about stress. Psychologists at Yale have found that people with a positive view of stress are healthier, happier and more productive than people who fear stress. They've also shown that if you adopt a more positive view on stress, it improves your well-being and success.

---

reach: (目標を) 達成する **enemy:** 敵 **willpower:** 意志力 **the following:** 下記の、次に述べる	**statement:** 意見、主張 **reflect:** 〜を反映する、表す **effect:** 影響 **negative:** よくない、マイナスの	**avoid:** 〜を避ける、回避する **positive:** ①よい、プラスの　②肯定的な **embrace:** 〜を積極的に受け入れる

ストレスに対する見方を変える

　こんにちは。スタンフォード大学のケリー・マクゴニガルです。今日は、多くの人が意志力の敵だと思っているもの、つまり、ストレスについてお話ししたいと思います。
　次の2つの意見のうち、どちらのほうが皆さんがストレスについて思っていることをよく表していますか。
　1）ストレスの影響はよくないものだから避けるべきだ。
　2）ストレスの影響はいいものだから積極的に受け入れるべきだ。
　私は最近まで、ストレスは有害だという考えに賛成でした。しかし、新しい研究によって、ストレスに対する考えを改めさせられました。イェール大学の心理学者たちの研究結果によると、ストレスを肯定的にとらえる人のほうが、ストレスを恐れる人より、健康で、幸せで、生産性が高い、ということです。また、ストレスに対してより肯定的な見方をすると、より幸せで、より成功することも彼らは実証しました。

agree with: 〜に賛成する	**psychologist:** 心理学者	**adopt:** （考えなどを）採用する
harmful: 有害な	**view:** 見方	**improve:** 〜を進歩させる、向上させる
belief: 意見、考え	**productive:** 生産性が高い	**well-being:** 満足できる生活状態、幸福
	fear: 〜を恐れる	

11. Can Stress Help You Reach Your Goals?

■ストレスは目標達成の助けになりうる

Changing your mind about stress can be challenging. We are bombarded by stories about how stress can make you sick, depressed, distracted or lonely. You may have been kept awake at night by worries. It's natural to wonder, "What's so good about stress?"

Let me share one way to rethink stress that can immediately help you. When you experience stress, your heart races, and you breathe faster. Usually, we interpret these physical symptoms as negative effects of stress. What if you viewed them instead as signs that your body was energized? What if you interpreted them as delivering more oxygen to your brain and body, to help you think better and perform to your full potential?

This one change in stress mindset—viewing stress as energy—has been shown to improve cardiovascular function, focus, confidence, and performance under pressure. The next time it feels like stress is getting in the way of your goals, remind yourself that stress gives you energy. When you take this point of view, stress can help you reach your goals.

---

challenging:
難しい、大きな努力を要する
be bombarded by:
〜攻めに遭っている
depressed:
気落ちした、落胆した
distracted:
気が散った
lonely:
孤独な

keep...awake:
…を眠らせない
worry:
心配事
natural:
当然の、もっともな
race:
〈心臓・脈拍が〉速まる
breathe:
呼吸する

interpret A as B:
AをBと解釈する
physical symptom:
(病気などの) 身体症状
view A as B:
AをBとみなす
instead:
そうしないで、その代わりに
sign:
表れ、証拠

ストレスに対する見方を変える

　ストレスに対する見方を変えるのは難しいかもしれません。ストレスがあると病気になったり、気分が滅入ったり、気が散ったり、孤独になったりすることがある、といった話ばかり聞かされているからです。これまでにも心配事で夜も眠れないことがあったかもしれません。不思議に思うのも当然です、「ストレスの何がそんなにいいの？」と。

　そこで、ストレスについて考えなおすひとつの方法をお伝えしたいと思います。この方法はすぐに皆さんの役に立つかもしれません。ストレスを感じると、心臓がドキドキして、呼吸が速くなります。私たちはたいてい、こうした身体症状をストレスのよくない影響だと考えます。では代わりに、そうした症状は体が活性化した証拠だと考えたら、どうでしょう？　より多くの酸素を脳と体内に運び、もっとよく考えたり、自分の力を最大限に発揮して物事が行えるようになるのを助けるものだと考えたら、どうでしょうか。

　ストレスに対する考え方をこのように変えるだけで——ストレスをエネルギーとみなすだけで——心臓血管機能が向上し、集中力が増し、自信がつき、プレッシャーを受けながらも仕事ぶりがよくなることが実証されています。今度、ストレスが目標達成の妨げになっていると感じたときは、ストレスが活力を与えてくれることを思い出してください。こうした見方をすると、ストレスは目標達成の助けになりうるのです。

（2014年2月号掲載）

---

energize:
〜を活性化する
deliver:
〜を運ぶ
oxygen:
酸素
perform:
行う
to one's full potential:
自分の能力を最大限に発揮して

mindset:
考え方、物の見方
cardiovascular function:
心臓血管機能
focus:
集中
confidence:
自信

performance:
仕事ぶり
get in the way of:
〜の妨げになる
remind...that:
…に〜ということを思い出させる
point of view:
見方、考え方

12. Believe in Yourself

■意志力をどうとらえるかで目標達成の可能性も変わる

Hi. This is Dr. Kelly McGonigal of Stanford University. I've enjoyed sharing willpower wisdom with you this past year, from some of my favorite scientific findings to the strategies I use myself to work toward my goals. In this last message, I want to remind you that the most important thing you can do is believe in your ability to become who you want to be.

This is especially true when it comes to willpower—the ability to put your energy and attention on what matters most, even when it is difficult. So many people I meet tell me they feel like they do not have enough willpower to reach their goals. This belief can hold you back. Researchers at Stanford University have shown that if you believe you have a limited amount of willpower, you are more likely to give up on your goals. If you believe that willpower is like a muscle that can be strengthened, you're more likely to persist and succeed. Adopting this attitude helps people learn faster, find more energy, and resist temptations and distractions.

believe in:〜を信じる	**finding:** 研究結果	**when it comes to:** 〜に関して
share A with B: AをBに話す、伝える	**strategy:** 戦略	**attention:** 注意
willpower: 意志力	**work toward:** 〜に向けて努力する	**matter:** 重要である
wisdom: 知恵	**remind...that:** …に〜ということを思い出させる	**reach:** (目標を)達成する
favorite: お気に入りの	**especially:** 特に、とりわけ	**belief:** 意見、考え

自分を信じて
「なりたい自分」になる!

　こんにちは。スタンフォード大学のケリー・マクゴニガルです。この1年間、私は楽しみながら「意志力の知恵」についてお伝えしてきました。私が特に支持しているいくつかの科学的研究結果から、目標達成に向けて私自身が用いている戦略までお話ししました。この最終回では、皆さんに思い出していただきたいと思います。皆さんにできる最も大切なことは、なりたい自分になれる力が自分には備わっていると信じることだ、と。

　意志力に関しては、とりわけそうです——意志力とは、最も重要なことにエネルギーと注意をそそげる力のことです、たとえそうすることが困難なときであっても。私が出会う多くの人が、自分には目標を達成するのに十分な意志力がないと感じると話します。ですが、こうした考えは行動の妨げになる可能性があります。スタンフォード大学の研究者たちが実証していますが、自分には意志力があまりないと考えると、目標をあきらめる可能性が高まるそうです。一方、意志力は筋肉のようなもので、鍛えることができると考えると、粘り強く努力を続け、目標を達成する可能性が高まります。こうした考え方をすると、物事をより早く身につけたり、(自分の中にある)より多くのエネルギーに気づいたり、誘惑や気が散ることに抗えたりするようになるのです。

---

hold...back:
…を思いとどまらせる
limited amount of:
限られた
be likely to do:
〜する可能性が高い
give up on:
〜に見切りをつける、〜をあきらめる

muscle:
筋肉
strengthen:
〜を強化する
persist:
(困難であるにもかかわらず)粘り強くやり続ける
adopt an attitude:
態度を取る、考え方をする

resist:
〜に抵抗する
temptation:
誘惑するもの
distraction:
気を散らすもの

12. Believe in Yourself

■今日あなたのすることが明日のあなたを形づくる

Of course, as a scientist, I'm interested in which belief about willpower is more true. Is it true that some people just don't have enough willpower? Or is it more true that change is always possible? Here, the research is clear. What you do today determines who you are tomorrow. When you are willing to do what is difficult now, it becomes easier in the future. And with every goal you give your energy to, you get better at learning how to pursue what matters.

So with this in mind, I encourage you to go after your goals, small and big, with trust that success is possible—not just because of who you are now, but because the only way to become what you imagine is to start today.

| possible:
可能な
determine:
〜を決定する、左右する | be willing to do:
〜することをいとわない
get better at doing:
〜するのがうまくなる | pursue:
〜を追求する、達成しようとする
with...in mind:
…を考慮して、念頭に置いて |

自分を信じて
「なりたい自分」になる！

　もちろん、私は科学者として、意志力について次のどちらの考えがより正しいかに関心があります。ただ十分な意志力が備わっていない人がいるというのは本当だろうか。それとも、変わることはいつでもできるという考えのほうが正しいのだろうか。これに関しては、研究によって明らかです。今日あなたのすることが、明日のあなたを形づくるのです。今困難なことをやるのをいとわなければ、それはこの先、今より簡単になります。そして、ひとつひとつの目標にエネルギーをそそぐたびに、重要なことを追求する方法を身につけるのがうまくなります。

　ですから、こうしたことを念頭に置いて、目標が大きかろうが、小さかろうが、達成できると信じてそれを追いかけましょう——今の自分のためというだけでなく、こうなりたいと想像する自分になれる唯一の方法は、今日から始めることなのですから。

（2014年3月号掲載）

encourage...to do:
…に〜することを奨励する
go after:
〜を追求する

trust:
確信

imagine:
〜を想像する

■ CD ナレーション原稿

付録のCDでは、オープニングとエンディングに英語のナレーションが入っているほか、各記事の冒頭でタイトルが読み上げられています。それらの内容をここに示します。

■ Track 01

Thank you for purchasing *The Willpower Wisdom of Dr. Kelly McGonigal*, featuring Stanford University psychologist Kelly McGonigal, Ph.D.
We begin with an interview in which she outlines her theory of willpower and some ways to enhance it. Here is "The Science of Willpower Workouts."

■ Track 16

Next is a 12-part series in which Dr. McGonigal presents various aspects of willpower and tips on how to strengthen it. Please enjoy "Willpower Workshop."

■ Track 41

That brings us to the end of this CD. We hope you enjoyed it, and we look forward to seeing you again next time!

---

purchase:
～を購入する
willpower:
意志力
wisdom:
知恵
feature:
～を特集する
psychologist:
心理学者
Ph.D.:
= Doctor of Philosophy
博士号所有者、博士

outline:
～の概要を説明する
theory:
理論
enhance:
～を高める、強化する
science:
▶「科学、学問」と「わざ、術」の2つの意味をかけている。
workout:
練習、トレーニング
present:
～を提示する、紹介する

various:
さまざまな
aspect:
側面
tip:
助言、ヒント
strengthen:
～を強化する
That brings us to...:
これで…となります
look forward to doing:
～するのを楽しみにする

ボキャブラリー・チェック

本文の語注として取り上げたものをまとめてあります。訳語の後ろの数字は、その語彙が出てくるページ数を示しています。その語彙が使われていた文脈を思い出しながら覚えると、語彙のニュアンスや使い方も身につきます。

A

- [ ] **a barrier to:** 〜の妨げ P55
- [ ] **a couple of:** 2、3の P27
- [ ] **a matter of:** 〜の問題 P50
- [ ] **a path to:** 〜への道 P67
- [ ] **a substitution for:** 〜の代わりになるもの P73
- [ ] **ability to do:** 〜する能力 P12
- [ ] **accept:** 〜を受け入れる P66
- [ ] **accomplish:** 〜を達成する P47
- [ ] **achieve:** 〜を達成する P77
- [ ] **acknowledge:** 〜を認識する、〜に気づく P54
- [ ] **acknowledge that:** 〜ということを認識する P71
- [ ] **add:** 〜を付け加える P60
- [ ] **add up to:** 最後には〜になる P34
- [ ] **addicting:** やみつきになる P75
- [ ] **adopt:** (考えなどを)採用する P81
- [ ] **adopt an attitude:** 態度を取る、考え方をする P85
- [ ] **agree to do:** 〜することを承諾する P59
- [ ] **agree with:** 〜に賛成する P81
- [ ] **allow...to do:** …が〜できるようにする P12
- [ ] **amazingly:** 驚くべきことに P72
- [ ] **amount of:** 〜の量 P26
- [ ] **anxiety:** 心配、不安 P66
- [ ] **appear to do:** 〜するように思える P40
- [ ] **approach:** 〜に取り組む P76
- [ ] **as if:** 〜のように P38, P52
- [ ] **as the day goes on:** 一日の中で時間がたつにつれ P51
- [ ] **aspect:** 側面 P21
- [ ] **aspire to:** 〜を求める、目指す P69
- [ ] **assume that:** 当然〜だと思う、〜だと思い込む P66
- [ ] **at least:** 少なくとも P09, P74
- [ ] **at work:** 職場で P79
- [ ] **athletic:** 肉体的にきつい P27
- [ ] **attain:** (努力して目標を)達成する P69
- [ ] **attention:** 注意 P84
- [ ] **automatic:** 反射的な P17
- [ ] **avoid:** 〜を避ける、回避する P56, P80

B

- [ ] **basically:** 要するに P23
- [ ] **be at one's peak:** 最高潮に達している P51
- [ ] **be at war with:** 〜と闘っている P38
- [ ] **be aware of:** 〜を知っている、〜に気づいている P41
- [ ] **be based on:** 〜に基づいている P17
- [ ] **be bombarded by:** 攻めに遭っている P82
- [ ] **be born with:** 生まれながらに〜を備えている P09
- [ ] **be clear about:** 〜について明確に理解している P15
- [ ] **be closer to:** 〜により近づいている P54
- [ ] **be committed to:** 〜に熱心である P56
- [ ] **be conflicted about:** 〜について葛藤する P78
- [ ] **be consistent with:** 〜と一致する、矛盾しない P12, P74, P78

- [ ] **be effective at doing:** 〜するのに効果的である P30
- [ ] **be hard on oneself:** 自分を責める P65
- [ ] **be in competition with:** 〜と競争している P16
- [ ] **be inspired:** 奮起する P73
- [ ] **be likely to do:** 〜する可能性が高い P41, P43, P65, P68, P75, P85
- [ ] **be paired with:** 〜と対をなす P74
- [ ] **be rested:** 休息をとった状態である P51
- [ ] **be tempted to do:** 〜する気にさせられる P48
- [ ] **be tired:** 疲れている P14
- [ ] **be well on one's way:** 順調に進んでいる P49
- [ ] **be willing to do:** 〜することをいとわない P53, P86
- [ ] **behavior:** 行動 P43, P76
- [ ] **belief:** 意見、考え P81, P84
- [ ] **believe in:** 〜を信じる P84
- [ ] **beneficial:** 効果的な、役に立つ P27
- [ ] **benefit:** メリット、利点 P10
- [ ] **biological:** 生物学的な、生物学上の P51
- [ ] **blood-sugar level:** 血糖値 P23
- [ ] **boost:** 高めること、強めること P68
- [ ] **brain:** 脳 P11, P51
- [ ] **break:** 〜を断ち切る、打開する P46
- [ ] **breath cycle:** 呼吸周期 P31
- [ ] **breath rate:** 呼吸のペース P30
- [ ] **breathe:** 呼吸する P82
- [ ] **bring to mind.../bring...to mind:** 〜を思い浮かべる P68
- [ ] **build a habit of doing:** 〜する習慣をつける P47

C

- [ ] **capitalize on:** 〜を利用する P57
- [ ] **cardiovascular function:** 心臓血管機能 P83
- [ ] **care about:** ①〜に関心がある P35 ②〜を大事にする、大切に思う P71
- [ ] **celebrate:** 〜を称賛する P56
- [ ] **challenge:** 課題、難題 P61, P65, P79
- [ ] **challenging:** 難しい、大きな努力を要する P82
- [ ] **check in with:** 〜と連絡を取る P58
- [ ] **check...off:** …にチェックマークをつける P33
- [ ] **choose A over B:** BよりAを選ぶ P57
- [ ] **choose to do:** 〜するほうを選ぶ、〜することに決める P54
- [ ] **circadian rhythm:** 概日リズム(約24時間周期で変動する生理現象) P53
- [ ] **class:** (クラスの)授業、講義 P08
- [ ] **come to do:** 〜するようになる P72
- [ ] **come to mind:** 思い浮かぶ P68
- [ ] **commit to:** 〜に全力で取り組むと誓う P34
- [ ] **commitment:** 熱意、傾倒 P57
- [ ] **common:** よくある P38
- [ ] **common humanity:** 共通の人間性 P67
- [ ] **compete with:** 〜と張り合う P18
- [ ] **competition:** 競争、張り合い P19
- [ ] **completely:** まったく、完全に P60

- concrete: 具体的な P74
- confidence: 自信 P83
- confident: 自信のある P72
- conflict: 矛盾、葛藤 P39
- conflict with: 〜と矛盾する、相反する P39, P55
- conflicting: 矛盾する、相反する P40
- congratulate: 〜をほめる、称賛する P54
- congratulations for doing: 〜してよかったですね P49
- connect with: 〜とつながりを持つ P68
- connected: 連携して P21
- consider: 〜をよく考える、熟考する P42, P79
- contagious: 伝染性の P70
- continue to do: 〜し続ける P49
- counterintuitive: 直観に反した、常識にそぐわない P64
- courage: 勇気 P69
- coworker: 同僚 P70
- craving: 強い欲求、渇望 P16
- cure: 治療法 P73

D
- decide to do: 〜することに決める P48
- decision: 決意、決断 P17, P78
- deep: 深い P16
- define A as B: AをBと定義する、AをBだと考える P12
- definition: 定義 P12
- deliver: 〜を運ぶ P83
- demonstrate: 〜を(行動などで)示す P57, P69
- deplete: 〜を激減させる P52
- depressed: 気落ちした、落胆した P82
- describe: 〜を表現する、述べる、説明する P43, P60
- desire: 欲求、願望 P39
- deteriorate: 低下する、衰える P50
- determine: 〜を決定する、左右する P86
- direction: 方向 P13
- disappointment: 失望 P67
- discipline: 自制心 P68
- distinction: 違い、相違 P44
- distract: 〜の気を散らす P41, P46
- distracted: 気が散った P82
- distraction: 気を散らすもの P13, P85
- dose: (体験の)1回分 P34
- double: 〜を倍にする P46

E
- effect: ①効果、効き目 P26 ②影響 P80
- effort: 努力、頑張り P35, P46, P52, P56, P71
- embrace: 〜を積極的に受け入れる P79, P80
- emotional boost: 気持ちの高まり P75
- encounter: 〜に直面する P28
- encourage...to do: ①…に〜することを奨励する P34, P57, P87 ②…に〜するよう仕向ける P79
- enemy: 敵 P80
- energize: 〜を活性化する P83
- enhance: 〜を高める、強化する P22
- enjoyable: 楽しめる P35
- especially: 特に、とりわけ P84
- eventually: 最後には、いずれは P33
- everyday: 毎日の P28

- evidence: 証拠、表れ P56
- exam: = examination 試験 P65
- exercise: ①運動、エクササイズ P21 ②運動する P22, P43
- exhale: 息を吐く、吐き出す P31
- exhausted: 疲れ切った P52
- experience: ①〜を経験する P64 ②(欲求・感情などを)抱く、感じる P14, P38, P44 ③経験 P38

F
- face: 〜に直面する P69
- factor: 要因 P28
- fail: 失敗する P67
- fail to do: 〜しない P73
- failure: 失敗 P11
- faith in: 〜に対する信念 P33
- favorite: お気に入りの P35, P77, P84
- fear: 〜を恐れる P81
- feel overwhelmed: (精神的に)押しつぶされそうに感じる P29
- feel pressured: プレッシャーを感じる P29
- figure out: 〜を考え出す P75
- find out if: 〜かどうかを知る P59
- find some way to do: 〜するために何らかの方法を見つける P20
- finding: 研究結果 P66, P84
- fluent: 〈言葉が〉流暢(りゅうちょう)な P32
- focus: 集中 P83
- focus on: 〜に集中する P64
- focus A on B: AをBに集中させる P77
- follow through: 最後までやり遂げる P60
- follow through with: 〜を最後までやり抜く、やり遂げる P42, P78
- force...to do: …に〜することを強いる P48
- forehead: 額(ひたい) P16
- forgive: 〜を許す P64
- form: 形、形態 P29
- function: 機能、働き P21

G
- gap between A and B: AとBの間の隔たり P75
- gene: 遺伝子 P09
- get addicted to doing: 〜することにはまる、やみつきになる P73
- get back on track: 再び軌道に乗る、立ち直る P64
- get better at doing: 〜するのがうまくなる P86
- get done: 〈仕事などが〉済む、終わる P50
- get in the way: 妨げになる P60
- get in the way of: 〜の妨げになる P83
- get in touch with: 〜に触れる、〜を実感する P69
- get pulled: 引っ張られる P13
- get pulled away from: 〜から引き離される P41
- get started: 始める P47
- get...done: …を済ます、終わらせる P53
- give up on: 〜に見切りをつける、〜をあきらめる P85
- give...a workout: …を鍛える、トレーニングする P20
- go after: 〜を追求する P87

ボキャブラリー・チェック

- go back and forth between: ~のあいだを行き来する P18
- go to work: 仕事に行く、出勤する P27
- good intentions: 立派な志 P38
- guilt: 罪悪感、自責の念 P64

H
- habit: 習慣 P17
- hard work: 努力 P55, P70
- harmful: 有害な P81
- hate: ~が嫌である P24
- have a chance of doing: ~する可能性がある P64
- have a sense of: ~を感じ取る、把握する P15
- have an impact on: ~に影響を与える P42
- have to do with: ~と関係がある、関わりがある P11, P44
- help: 役に立つ、効果がある P61
- helpful: 役に立つ、有益な P13, P67, P70
- hold...accountable: …に責任を持たせる P60
- hold...back: …を思いとどまらせる P85
- hopeful: 希望に満ちた P72
- How can...possibly do: 一体なぜ…は~できるのか P44
- huge: 非常に大きな P75
- human nature: 人間の本質 P40

I
- ideal: 理想的な P47, P74
- identify: ~を見いだす P74
- identify with: ~と一体感を持つ P44
- imagine: ~を想像する P48, P87
- immediate gratification: 目先の満足 P17
- immediately: すぐに、直ちに P72
- improve: ①向上する、進歩する P66 ②~を進歩させる、向上させる P81
- improve one's golf game: ゴルフの腕を上げる P60
- improve oneself: 自分を向上させる、高める P52, P71
- impulsive: 衝動的な P29
- in contrast: 対照的に P65
- in control: 自制した P72
- in fact: 実のところ、実際 P39
- in general: 一般の P32
- in the middle of: ~の真ん中に P16
- include doing: ~することを含む P77
- increase: ①~を高める、強める P22, P70 ②増加する P51
- individual: 個々の P31
- influence: ~に影響を与える P45, P54
- inhale: 息を吸う、吸い込む P31
- initially: 最初に P08
- inner: 内心の、心の奥の P40
- inspiration: 刺激を与える存在 P70
- instead: そうしないで、その代わりに P46, P82
- integrate A into B: AをBに組み入れる P34
- intention: 意図、意志 P78
- interfere with: ~を妨げる、邪魔する P51
- interpret A as B: AをBと解釈する P82
- isolated: 孤立した P10
- it doesn't matter if: ~でも構わない P48
- it is possible to do: ~することが可能である P56
- it turns out that: ~ということがわかる、判明する P42

K
- keep a/one's commitment: 誓約を守る、約束を守る P49, P59
- keep...awake: …を眠らせない P82
- keep...steady: …を安定した状態で保つ、一定に保つ P23
- keep track of: ~の経過を追う、~の記録をつける P39
- keep up with: ~をやり続ける P45

L
- lazy: 怠惰な P52
- lead to: ~につながる、至る P73
- learn to do: ~できるようになる P53
- less than: ~とは言えない、決して~ない P47
- Let me put it another way.: 言い方を変えましょう P42
- Let's say that: 仮に~だとしましょう P58
- lifelong learner: 生涯学習者 P42
- lift someone's spirits: ~の気持ちを高揚させる P72
- limited amount of: 限られた P85
- lonely: 孤独な P82
- long-term: 長期的な P29
- look forward to: ~を楽しみにする P79

M
- make a choice: 選択する P12, P38, P49
- make a commitment: 心に決める、決意する P34
- make time for: ~のための時間をつくる P35
- materials: 用具、道具 P35
- matter: 重要である P12, P52, P57, P84
- mean doing: ~する結果になる P48
- meditation: 瞑想 P22
- meet: (目的などを)果たす、達成する P54
- mention: ~について言及する P30
- mentor: ~を指導する、~の助言者となる P77
- mind: 心、精神 P11
- mindfulness: 注意深さ P41
- mindset: 考え方、物の見方 P83
- mission statement: 使命の宣言、目標の宣言 P79
- mistake: 誤り、まちがい、失敗 P64
- motivate...to do: …を~する気にさせる P66
- motivated: やる気のある、やる気の出る P53, P56, P68
- motivating: やる気にさせる、意欲を高める P73
- motivation: ①動機、モチベーション P21, P60 ②やる気、意欲 P14, P42, P52, P55, P65, P68
- move on: 先に進む、前進する P67
- move toward: ~を目指して進む P15
- muscle: 筋肉 P20, P85

N
- natural: ①自然な P44 ②当然の、もっともな P82
- naturally: 当然 P52
- negative: よくない、マイナスの P80
- New Year's resolution: 新年の誓い P76
- no longer: もはや~ない P10, P48
- not necessarily: 必ずしも~ない P67

- ☐ notice that: 〜ということに気づく P50
- ☐ noun: 名詞 P43

O

- ☐ observe: 〜を観察する P41
- ☐ obstacle: (目的達成を阻む)障害 P69
- ☐ on a consistent basis: 常に、一貫して P19
- ☐ on the other hand: 一方、反対に P28
- ☐ once: ひとたび〜すれば P70
- ☐ one's own unique: 〜独自の P53
- ☐ operate: ①行動する P17 ②働く、作用する P18
- ☐ opportunity: 機会 P77
- ☐ oppose: 〜と対立する、相反する P40
- ☐ over the course of: 〜のうちに、〜の間に P50
- ☐ overcome: 〜を克服する、乗り越える P40, P61, P69
- ☐ overwhelming: 圧倒的な、歯が立たない P32
- ☐ oxygen: 酸素 P83

P

- ☐ paradox: 矛盾 P66
- ☐ participant: 参加者 P39
- ☐ particularly: 特に、とりわけ P26
- ☐ pay attention to: 〜に注意を向ける P40, P53
- ☐ perform: 行う P83
- ☐ performance: 仕事ぶり P83
- ☐ permission: 許可 P55, P66
- ☐ perseverance: 忍耐力、根気強さ P69
- ☐ persist: (困難であるにもかかわらず)粘り強くやり続ける P85
- ☐ phenomenon: 現象 P73
- ☐ physical energy: 体力、身体エネルギー P25
- ☐ physical fatigue: 体の疲れ、肉体的疲労 P51
- ☐ physical symptom: (病気などの)身体症状 P82
- ☐ physiology: 生理機能 P31
- ☐ plastic: 柔軟な P20
- ☐ pocket: (時間の)はざま P53
- ☐ point A toward B: AをBに向かせる P67
- ☐ point of view: 見方、考え方 P83
- ☐ popular: 人気のある P08
- ☐ positive: ①よい、プラスの P80 ②肯定的な P80 ③前向きな P54, P67
- ☐ positive effect: プラスの影響、効果 P71
- ☐ possible: 可能な P86
- ☐ potential: 可能性、潜在能力 P67
- ☐ powerful: 有効な P71
- ☐ practice doing: ①〜することを練習する P46 ②習慣的に〜する P46
- ☐ predict: 〜を予想する、予測する P44
- ☐ prefrontal cortex: 前頭前皮質 P16
- ☐ pretend that: 〜であるふりをする P41
- ☐ prioritize: 〜を優先させる P55, P77
- ☐ priority: 優先事項 P47, P78
- ☐ procrastinate: 先延ばしする P65
- ☐ procrastination: 先延ばし、先送り P46, P61
- ☐ produce: 〜を生み出す P16
- ☐ productive: 生産性が高い P81
- ☐ progress: 進歩、向上 P55
- ☐ provide: 〜を与える P15
- ☐ psychological: 精神的な P29
- ☐ psychologist: 心理学者 P52, P55, P81
- ☐ psychology: 心理学 P68
- ☐ pursue: 〜を追求する、達成しようとする P86
- ☐ put in the time to do: 時間を費やして〜する P45
- ☐ put...first: …を最優先させ、第一に考える P79
- ☐ put...off: …を先延ばしにする P46
- ☐ put off doing: 〜することを先延ばしにする P65

Q

- ☐ quality: 性質 P69
- ☐ quit: 〜をやめる P76

R

- ☐ race: 〈心臓・脈拍が〉速まる P82
- ☐ rare: まれな、めったにない P39
- ☐ rarely: めったに〜ない P50
- ☐ rather than doing: 〜するのではなくて P26
- ☐ reach: (目標を)達成する P40, P49, P50, P58, P68, P77, P80, P84
- ☐ react to: 〜に反応する P28
- ☐ realize: 〜を認識する P40
- ☐ recognize: 〜を認識する P53, P70
- ☐ recognize that: 〜ということを認識する P10
- ☐ recommend: 〜を勧める P24
- ☐ recommend that: 〜ということを勧める P74
- ☐ recover: 回復する P65
- ☐ reduce: 〜を減らす P30
- ☐ reflect: 〜を反映する、表す P78, P80
- ☐ reflect on: 〜をよく考える P56
- ☐ regret: ①〜を後悔する P38 ②後悔 P48
- ☐ regularly: 定期的に P22
- ☐ reinforce: 〜を強化する P57
- ☐ relaxation: 息抜き、くつろぎ P52
- ☐ relief: 安心、安堵(あんど) P11
- ☐ remind...that: …に〜ということを思い出させる P83, P84
- ☐ represent: 〜の典型となる、見本となる P69
- ☐ require: 〜を必要とする P32
- ☐ research: 研究、調査 P26
- ☐ researcher: 研究者 P38, P42, P50, P56, P68
- ☐ reserve A for B: AをBのために取っておく P53
- ☐ resist: 〜に抵抗する P13, P85
- ☐ resolve to do: 〜することを決意する、〜しようと決心する P46, P73
- ☐ resolve: 決心、決意 P78
- ☐ respond to: 〜に応える P20
- ☐ role model: 手本・模範になる人 P68
- ☐ rub off on: 〈性質などが〉〜にうつる P70

S

- ☐ say: たとえば P47
- ☐ schedule: ①スケジュール P50 ②〜を予定に入れる P50
- ☐ see the result of: 〜の成果を見る P35
- ☐ seek out: 〜を求める、得ようとする P52
- ☐ self: 自己、自分自身 P53, P73
- ☐ self-control: 自制心 P51, P69
- ☐ self-critical: 自己批判的な P65
- ☐ self-criticism: 自己批判 P66
- ☐ self-doubt: 自信喪失、自己不信 P14, P66, P73
- ☐ self-improvement: 自己改善、自己改革 P52, P67, P72
- ☐ self-indulgence: わがまま、好き勝手 P52

93

ボキャブラリー・チェック

- selfish: 利己的な、自分本位の P71
- send a text message: テキストメッセージを送る、携帯メールを送る P39
- set: (目標・ルールなどを)設定する、決める P47
- set a resolution: 決心する、決意する P72, P76
- set in: 〈好ましくないことが〉始まる P51
- setback: 挫折、(進歩の)後退 P64
- shame: 恥ずかしさ P64, P73
- share: ①～を共有する P58　②(考えなどを)話す、伝える P76
- share A with B: AをBに話す、伝える P64, P84
- shift A into B: AをBの状態に変える P28
- show up: 《話》自分のいい面を積極的に見せる P71
- sign: 表れ、証拠 P82
- similar: 似たような、同様の P11
- simply: ただ、単に P40, P45, P67
- skip: ～をさぼる P48
- slow down one's/the breath: 呼吸のテンポを落とす P30
- so that: ～するために P35
- social: ①社会的な P61　②人と関わる、人付き合いのある P34
- somehow: どういうわけか P09
- specific: ①具体的な P45, P74, P76　②特定の P68
- state: 状態 P28
- statement: 意見、主張 P80
- stay focused: 集中力を保つ、気を散らさない P61
- step outdoors: ちょっと外に出る P27
- strategic: 戦略的な P78
- strategize: 戦略を練る P61
- strategy: 戦略 P40, P49, P57, P58, P67, P84
- strength: ①力 P12　②強さ P66, P69
- strengthen: ～を強化する P10, P67, P85
- stressful: ストレスを引き起こす P14
- stress hormone: ストレスホルモン P31
- stress-reducing: ストレスを減らす P26
- stress response: ストレス反応 P28
- structure: 構造、仕組み P21
- struggle: もがき、苦闘 P10
- struggle to do: ～するのに苦労する P40, P45, P66
- study: ①～を研究する P38　②研究 P30, P38, P65　③勉強する P38
- stylish: おしゃれな、流行の P39
- subtle: 微妙な P44
- succumb to: ～に負ける、屈する P66
- such as: たとえば～など P69, P76
- suggest that: ～ということを示唆する P26, P66
- suggestion: 提案 P24
- sustain: ～を維持する P35

T

- take a class: 授業を受ける P10
- take a moment to do: 少し時間を取って～する P57
- take a step toward: ～に向けて一歩前進する P54
- take a walk: 散歩する P26
- take action: 行動を起こす P66
- take good care of: ～をいたわる、大切に扱う P22
- take on an assignment: 課題に取り組む P45
- take ownership of: ～を自分のものにする P44
- take time to do: ～するために時間を割く P49
- task: ①課題 P32　②仕事、作業 P50

- temporarily: 一時的に P52, P55
- temporary: 一時的な P73
- tempt: ～を誘惑する P41
- temptation: 誘惑するもの P13, P85
- the art of: ～の技術、コツ P41
- the best version of oneself: 最高の自分 P29, P41
- the following: 下記の、次に述べる P80
- the front of: ～の前部 P16
- the year to come: 新しい年、くる年 P79
- throughout: ～を通して P53, P78
- throughout the day: 一日中 P18
- tip: 助言、ヒント P47
- To Do list: やることリスト P32
- to one's full potential: 自分の能力を最大限に発揮して P83
- train: ～を鍛える、トレーニングする P20
- trainable: 鍛えられる P20
- trap: 落とし穴 P56
- trust: 確信 P34, P87

U

- ultimate: 最終的な P54
- undermine: ～を弱める P28
- unfortunately: 残念ながら P73
- unique: 独特の P10

V

- value(s): ①～を高く評価する P11　②《複数形》価値観 P12
- verb: 動詞 P42
- view: 見方 P81
- view A as B: AをBとみなす P56, P82
- vision: ビジョン、未来図 P15, P79
- vote: 投票する P43
- voter: 投票者 P43
- vow to do: ～することを誓う P46, P72, P79

W

- wake up: 目覚める、起きる P50
- weaken: 弱まる P51
- weakness: 弱さ、弱点 P10
- welcome: ～を進んで受け入れる P77
- well-being: 満足できる生活状態、幸福 P81
- well-rested: 十分に休息した P53
- when it comes to: ～に関して P84
- willingness: 意欲 P14
- willpower: 意志力 P08, P38, P49, P50, P58, P64, P68, P80, P82
- win: ～に勝つ P19
- wisdom: 知恵 P84
- wise: 賢い、賢明な P16
- with...in mind: …を考慮して、念頭に置いて P86
- work: ①機能する、働く P11　②勉強 P48
- work out: 運動する、トレーニングする P27
- work toward: ～に向けて努力する P84
- workout: 練習、トレーニング P08
- worry: 心配事 P82

Y

- you may want to do: ～するとよいでしょう P45
- you might do: ～してはどうでしょう P41

ケリー・マクゴニガル（Kelly McGonigal, Ph.D.）

スタンフォード大学の心理学者。専門は健康心理学。ボストン大学で心理学とマスコミュニケーションを学び、スタンフォード大学で博士号（心理学）を取得。心理学、神経科学、医学の最新の研究を、個人の健康や幸せ、成功に役立つ実践的な戦略に応用している。スタンフォード大学の生涯学習プログラム「意志力の科学」講座は受講生から絶大な人気を博し、この講座をもとにした『The Willpower Instinct』は世界20カ国で翻訳され、邦訳書『スタンフォードの自分を変える教室』（大和書房）は日本で60万部を超えるベストセラーとなった。ヨガ、瞑想を実践し、学術専門誌『インターナショナル・ジャーナル・オブ・ヨガ・セラピー』編集主幹を2005年〜2012年まで務めた。他の邦訳書に『[DVDブック] 最高の自分を引き出す法』（大和書房）などがある。

[生声CD付き]
[対訳] スタンフォードの「英語ができる自分」になる教室

2014年11月25日　初版第1刷発行
2020年1月31日　　　第9刷発行

著　者　　ケリー・マクゴニガル
編　訳　　『CNN English Express』編集部
発行者　　原　雅久
発行所　　株式会社 朝日出版社
　　　　　〒101-0065 東京都千代田区西神田 3-3-5
　　　　　TEL: 03-3263-3321　FAX: 03-5226-9599
　　　　　郵便振替 00140-2-46008
　　　　　http://www.asahipress.com （HP）　http://twitter.com/asahipress_com （ツイッター）
　　　　　http://www.facebook.com/CNNEnglishExpress （フェイスブック）
印刷・製本　凸版印刷株式会社
DTP　　　有限会社 ファースト
音声編集　ELEC（一般財団法人 英語教育協議会）
表紙写真　金子 渡
装　丁　　岡本 健 + 遠藤勇人（岡本健 +）

ⓒ Asahi Press, 2014 All Rights Reserved. Printed in Japan　ISBN978-4-255-00806-6 C0082
CNN name, logo and all associated elements TM and ⓒ 2014 Cable News Network, Inc. A Time Warner Company. All Rights Reserved.

ちょっと手ごわい、でも効果絶大!
最強のリスニング強化マガジン

CNN ENGLISH EXPRESS

CNNライブ収録CD付き　毎月6日発売　定価(本体1,148円＋税)

英語が楽しく続けられる!

重大事件から日常のおもしろネタ、
スターや著名人のインタビューなど、
CNNの多彩なニュースを
生の音声とともにお届けします。
3段階ステップアップ方式で
初めて学習する方も安心。
どなたでも楽しく続けられて
実践的な英語力が身につきます。

資格試験の強い味方!

ニュース英語に慣れれば、TOEIC®テストや英検の
リスニング問題も楽に聞き取れるようになります。

定期購読をお申し込みの方には
本誌1号分無料ほか、特典多数。
詳しくは下記ホームページへ。

CNN ENGLISH EXPRESS ホームページ

英語学習に役立つコンテンツが満載!

[本誌のホームページ] https://ee.asahipress.com/
[編集部のTwitter] https://twitter.com/asahipress_ee

朝日出版社　〒101-0065 東京都千代田区西神田 3-3-5　TEL 03-3263-3321